U0347235

爱因斯坦学习法

Learn Like Einstein

Memorize More, Read Faster, Focus Better,
and Master Anything With Ease... Become An Expert in Record Time

［美］

彼得·霍林斯
Peter Hollins

著

姜帆

译

机械工业出版社
CHINA MACHINE PRESS

图书在版编目（CIP）数据

爱因斯坦学习法 / （美）彼得·霍林斯
(Peter Hollins) 著；姜帆译 . -- 北京：机械工业出版社，2025. 1. -- ISBN 978-7-111-77334-4

Ⅰ. G791

中国国家版本馆 CIP 数据核字第 20259T32A5 号

机械工业出版社（北京市百万庄大街 22 号　邮政编码 100037）
策划编辑：曹延延　　　　　　　　　　责任编辑：曹延延
责任校对：高凯月　李可意　景　飞　　责任印制：刘　媛
涿州市京南印刷厂印刷
2025 年 3 月第 1 版第 1 次印刷
147mm × 210mm · 6 印张 · 1 插页 · 78 千字
标准书号：ISBN 978-7-111-77334-4
定价：55.00 元

电话服务　　　　　　　　　　网络服务
客服电话：010-88361066　　　机　工　官　网：www.cmpbook.com
　　　　　010-88379833　　　机　工　官　博：weibo.com/cmp1952
　　　　　010-68326294　　　金　书　网：www.golden-book.com
封底无防伪标均为盗版　　　机工教育服务网：www.cmpedu.com

前言
PREFACE

我小时候从来不是尖子生。

我不知道如何学习知识、学会技能。我常会在最后一刻抱佛脚，通宵达旦地去做我原本有数月时间去做的作业。我的笔记也记得一塌糊涂，所以要依靠朋友帮忙。我甚至经常逃课。

我承认，我是个彻头彻尾的坏学生。我只是不在乎这些，我更愿意去骑自行车。

然而，八年级时发生了一件事，永远地改变了我的一切。

我想给西班牙语课上的杰西卡留下好印象。这是一种崇高且强大的动力，也一直是许多青年（和老年）男性的生活发生许多变化的原因。我们是西班牙语课上的同学，我很走运能坐在她的正后方。结果，她对西班牙语不太感兴趣，于是经常转过身来找我帮忙。

我先是会被她的眼睛吸引，然后我的心会突然沉下去，因为我意识到，我完全不知道如何回答她的问题。她要是去问班上的其他男生，那该怎么办？这可不行！

带着这样的想法，我开始学习西班牙语，这样她才会继续转过身来和我说话。如果你有合适的动机，你就能做一些惊人的事情，那一年我的口语可能比班上任何人进步得都快。不但如此，我还会查一些复杂晦涩的短语和词汇，以便有机会时在她面前炫耀。

我主要大量使用了抽认卡。起初我用的每张卡片背面只有一个单词，但是到了学年末，每张卡片背面都有三四句话，全都是西班牙语。我在这门课上得了 A+，这是我学术生涯中为数不多的好成绩，但我和杰西卡的关系却没什么进展。

尽管如此，我还是发现，如果你心目中有一个总体目标，你的成就会远远超出你的预期，这对我很有效。

多数时候，我们都没有这样的动力来驱使我们取得成就。在学习大多数事情的时候，我们都不大积极。这种学习不是乐趣，更像是一件苦差事。研究和学习通常并不有趣。

那我们该怎么办？当我们不愿意翻开那本书、不喜欢听那堂课的时候，我们该怎么办？

本书正是为你量身定制的。

本书集结了许多学习技巧，保证让你记得更

牢、学得更快，哪怕你不喜欢你面前的学习材料也是如此。你可能仍然不喜欢学习，但你会在更少的时间里学得更多，能够尽快把时间用于做别的事情。

学会学习是你能学会的最有用的技能之一，因为人生中任何有价值的成就都是有效、高效学习的结果。

目 录
CONTENTS

欢迎阅读《爱因斯坦学习法》，读了本书，优秀者将成就卓越，卓越者将成为传奇，平庸者将不再平庸！

　　这听起来可能有些夸张，但我向你保证，这并非夸大其词。学会学习是一个人最强大的一种超能力。你可能没有意识到，学会学习几乎能让你生活中的所有事情都成为可能。

　　为什么呢？原因很简单，我们并非生来就是专家，无论是在什么领域！

　　当你作为婴儿来到这个世界时，你什么都不知道，所以最初你要依赖社会学习来学会如何吃饭、喝水、走路和说话。我们视为理所当然的一切都是从别人那里学来的。在人生的前五年，大家都是为了生存需要而学习的，所以这段时间个体差异并不明显。每个人在小时候都学会了走路、说话、吞咽和系鞋带。但之后呢？你会开始看到人们表现出各自的差异。乔希做乘除运算比老师还快，所以他跳了一级。然而，乔赛亚在学习减法上还有困难，所以他留了一级。

这是因为乔希天生更聪明吗？不一定。实际上，这正是本书和本章将要讨论的内容。

这全都取决于学习，取决于每个孩子如何学会学习。随着我们长大，我们会开始看到，人们更多地是因为学习上的才能而成为佼佼者的，而不仅仅是因为某个特定学科上的才能。

既然本章谈的是关于学习的误解，那我们就从这里开始吧。

误解1：先天智力对学习很重要

说这句话需要谨慎，因为确实存在像爱因斯坦和牛顿这样的天才，他们思考问题的方式与众不同。然而，这样的天才极为罕见。花上一分钟，你能想到的著名"天才"可能用一只手就数得过来。

那我们其他人该怎么办呢？

智力是一个非常模糊的术语。例如，智商测试声称可以衡量智力，但它们只测量了一小部分非常具体的指标。学者认为这些指标可以代表智力。传统的智商测试会测量诸如创造力、创新思维、发现规律和建立联系等能力。

这些是好的品质，但正如你所见，我们并不完全能够据此判断某人是否智力超群。这些指标忽略了许多因素。

就学习而言，不存在谁比谁更聪明或更优秀。学习是我们自儿时起就一直在做的事情，它真正关乎的是努力、注意力，以及本书中提到的一些原则的应用。这些原则可以提升你的学习能力，而不是你的天赋或智力。

对于你的整体智力和学习能力而言，真正的衡量因素远比任何测试结果所能代表的因素更多。你可以像其他人一样学得很好，如果说，有的人似乎能够更快地理解某些东西，他们只是在通过不同的视角看待知识，而不是像天才那样去剖析它。

如果你不相信你能做得和别人一样好，那为什么还要尝试呢？实际上，认为别人天生就能在某件事上做得更好是一个非常危险的假设，因为它会引发一种非常真实的挫败感和无意义感。

误解2：失败是坏的

事实上，研究已经证明，在学习期间，失败是可能发生的最好的事情之一。

即使你很容易就能帮一个人避免失败，允许他失败对于学习来说也是有益的。这个概念叫作"建设性失败"，它是由新加坡大学的一位研究人员提出的。这项研究中有两组学生，教师帮助第一组学生找到了他们问题的答案。然而，第二组学生没有得到任何帮助，但是得到了要相互合作和协作的指示。

第二组并没有正确回答出任何问题，但由于他们一起努力尝试探索不同的解决方法，他们对解决方案可能是什么样的、应该是什么样的有了更深刻的理解，也更明白实施这些解决方案需要涉及哪些因素。在比较两组的学习成果时，第二组"显著超过了"第一组。

这告诉了我们关于学习的什么道理呢？

只是简单地给某人答案，确保他从不失败，这对他的学习非常不利。这样就剥夺了我们更好地学习所需的批判性思维和分析能力。正是寻找答案的努力，真正促进了我们对学习的理解。

新加坡的这项研究还明确了三种促成建设性失败的具体条件。**第一，失败最好能激发挑战感和参与感，而不是挫败感。**当然，挫败感就是，你觉得自己在高速奔跑却毫无进展的感觉，所以必须有进步感和成就感。你不能只是随便给孩子一个微积分方程式，然后期待产生建设性失败。挑战必须在他的能力范围之内，他必须能够看到进步。

第二，如果学习者有机会详细阐述他们的行动和思考过程，失败才是有价值的，就像在那项研究的小组中那样。如果你能够描述你做的事情，而不是默默努力，这就有助于你理解自己的努力，因为你在积极思考并分析你所做的事情。出声的思考往往可以得出一些本来不会出现的解决方案。

第三，在学习者有机会比较那些行得通与行不通的解决方案的情况下，失败才是有价值的。如果每次都没有人告诉你确切的解决途径，你就会去自行比较那些方案。你会逐渐发现失败的征兆，并且会下意识地判断出事情是否合理。

你可以把这称为"严厉的爱学习法"。授人以鱼，可以喂饱他一天；但授人以渔（同时让他自己挣扎一会儿），可以喂饱他一生。允许失败，就是教会他解决问题的技能，这也就是更广义上的学习。

误解 3：遗忘就是失败

我们有一种关于记忆和学习的观念，那就是如果我们忘记了某些知识点，哪怕只是暂时忘记，都意味着我们最初没有学好。

事实并非如此。实际上，**遗忘是创造新记忆过程中的一个重要组成部分**。遗忘是一个筛去不重要信息的机制：我们忘记了我们通常不用或不需要的东西。我们会将自己听到或看到的一切逐渐淡忘，直到我们意识到我们需要或想要这些信息——那时我们就可以从记忆库中调取这些信息了。

我们怎样才会意识到，我们需要或想要这些信息？我们通常会反复地回顾或调取这些信息。实际上，正是这种调取的行为（有时被称为主动学习）将信息固化在了我们的记忆中。**当大脑不得不努力回忆一些可能已经有些遗忘的东西时，那段记忆的强度就会相应地增加。**

误解4：多多益善

你肯定见过这样的人，他们整日整夜地学习，考试前夜还要突击。花费更多的时间学习，能否更好地记忆信息？并不总是这样的。

过犹不及。**花费过多时间，可能对你的学习和记忆并不一定有害，但确实没有益处。**研究表明，对于学习和记忆来说，有一种叫作"间歇性重复"的方法，比每天死记硬背要有效得多。

这意味着大脑就像肌肉一样，它只是需要时间来恢复，并为你吸收的信息建立神经连接。这也意味着，如果你过度劳累，就会浪费时间，因为你试图学习的东西超出了大脑当时能处理的限度。这样一来，你就会遇到这种情况：一遍又一遍地读同一段文字，却仍然不理解。

最后一点是，花过多时间死记硬背过分强调了记忆，而不是理解和分析，但后者才是帮助信息在大脑中留下深刻印象的最佳方式。学习并非多多益善，聪明行事才是最优选。

误解 5："我是个左脑型的人"

有一种迷思认为，大脑的两个半球确实在创造力与逻辑方面各有千秋，所以人们应该顺应这些差异，进行有针对性的学习。

比如，人们认为右脑型的人更有创造力、更自由随性、更无忧无虑，而左脑型的人则更有逻辑、更善于分析、更审慎。这当然是一个听起来很浪漫的误解，但实际上这并不意味着你只会用大脑的一边学习，也不意味着你应该只迎合那一边。

两个大脑半球几乎参与了每一个心理过程，而且研究已经证明，人们根本没有所谓的主导性半球。这对你来说意味着什么？就算你更有艺术天分或更善于分析，这并不意味着你应该忽视生活的其他部分！你在那些方面同样可以做得很好，甚至更好，所以不要让"主导性半球"的误解阻碍你探索其他领域。

想象一下，如果你过分关注某一侧大脑半球的倾向，会出现什么问题：你可能会大大限制自己，也可能对自己做出错误的判断。

现在我们已经澄清了一些误解，希望我们对自身的学习能力感到更自信、更有底气，是时候深入了解优化学习的基础原则了。

不断调整你的思维模式，
才能准备好接收和处理尽可能多的信息。

第2章

优化学习的基础原则

优化学习的基础原则，就是调整你的思维模式，让你准备好接收和处理尽可能多的信息。

这里的关键词是**思维模式**，这个词来自一个叫作**成长型思维模式**的概念。研究者卡罗尔·德韦克（Carol Dweck）在这个主题上做了大量的研究。她发现，**大多数人要么拥有成长型思维模式，要么拥有固定型思维模式。**

成长型思维与固定型思维

拥有固定型思维模式的人认为智力和学习能力是天生的，由遗传决定。拥有成长型思维模式的人则相信智力和学习能力是努力和勤奋的结果，不受遗传的限制，这是我们第1章讨论过的误解的延伸，也就是认为自己的能力有一个遗传上限。

在后续研究中，德韦克发现，**拥有固定型思维**

模式的人往往学得更差，因为他们认为，如果他们不能立刻掌握某件事，那么他们就天生注定在这方面做不好。他们在哪里成功，哪里就是他们应该集中努力的方向，而失败则表明他们应该避免从事这个方向的活动，因为他们觉得自己不能在这方面有所提高。**与此不同，拥有成长型思维模式的人在接触新课题时，会有面对困难和挑战的预期。**他们从过去的经验中得知，努力可以帮助他们克服最初看起来不可能克服的困难。

如果你相信，在习得与熟练掌握某种技能的过程中都会面临挑战并且需要努力，你就可以想象这种观念会如何影响你的学习，让你习惯于舒适区之外的环境。成长型思维模式创造了一种乐观的信念：只要付出努力和时间，你几乎可以做成任何事情。

优化学习的一项基础原则就是，**相信你能学得更好。**

15

学习金字塔

下一项基础原则是**理解学习金字塔**。你将在整本书中看到学习金字塔的踪迹。许多人质疑学习金字塔的准确性，但我认为我们不应该把它当作精确的数据，而是把它视为有用的指导原则，它表明了在学习知识方面真正重要的东西。

学习金字塔的内容如下：

- 当你听课时，你能记住 5% 的内容。

- 当你阅读时，你能记住 10% 的内容。

- 通过视听信息加工，你能记住 20% 的内容。

- 通过向他人演示（这一条和上面的都是演示方法），你能记住 30% 的内容。

- 通过小组讨论（这一条和下面的都是参与性方法），你能记住 50% 的内容。

- 通过实践操作，你能记住 75% 的内容。

- 通过教他人，你能记住 90% 的内容。

你可以看到，具体的数字可能不是那么重要，但不同学习方式之间的差异却很能说明问题。中间的一些数字对很多人来说可能会不同，但是两端的情况绝对是正确的。你越是主动地加工信息、参与信息分析，你记忆和学习的效果就越好。你越是被动地接受信息而不加思考，你记住和学习的内容就越少。你是通过两小时冲浪学到的东西多，还是通过看一部关于冲浪的电影学到的多？

让我们来看两个例子——一个运动的例子和一个知识的例子——来了解这个金字塔在现实生活中是如何运作的。

如果你想学滑雪，只听课或阅读是学不到多少的。你可能会了解到某些技巧，以及为什么某些动作很重要，但除非你亲自去试，否则你根本不能学会滑雪。你为他人演示，然后立即得到反馈，这样就能通过实践应用你所学的知识。显然，如果我们不亲身体验和积极参与以及适时调整，几乎是学不会任何身体动作的。

现在看看知识上的例子。

如果你想更多地了解西班牙的历史，仅仅通过被动地加工信息就能学到很多。你可以记笔记，重读你的笔记，看一部关于西班牙征服者和克里斯托弗·哥伦布（Christopher Columbus）的纪录片，就能很容易地成为这个话题的博学者。

但是，想象一下，如果你和别人一起分析西班牙宗教裁判所的动机，或者制作一个视频来展示哥伦布是如何横渡大西洋的，你会获得多少额外的收获？再想象你准备了一个关于西班牙历史的演讲，目的是教你的同事。最后想象一下，你的同事都是西班牙人，他们会向你提出你必须回答的问题。

当你卷起袖子深入分析一个话题，而不仅仅是阅读相关内容时，会发生不同层次的学习。记住，虽然学习金字塔的数据不是百分之百准确的，但它顶层和底层的排序是准确的，这在学习技巧上做出了重要的区分。

理解专注力

优化学习的下一项基础原则是**理解专注力**。我们能投入到学习上的注意力和精力是我们最宝贵的资源，因为它是最有限的。我们可能有一个周末的时间，但到了周六下午，我们的注意力或精力可能就用完了。因此，我们必须学会延长我们的注意持续时间、提高专注力，以便学得更好。

提高专注力的第一步，就是不要试图一心多用。

　　这个话题本来很适合在关于误解的第 1 章中讲，但我觉得在讨论专注时讲更合适。当你尝试一心多用时，你的专注力、注意力和精力都花在了切换任务和重新找回切换任务前的状态上。这就像是逆流游泳。由于逆流而上，你每次划水，可能都只能前进原本距离的 1/4，有时候即使你尽了最大努力，也可能会倒退。

　　这种做法不能高效利用时间，最终会导致你在很多任务的开始阶段都很熟练，但几乎不能坚持到完成。

　　更好的做法是，有意识地忽略其他所有你需要做的事情，每次只集中全部注意力完成一项任务。从某种意义上说，伐木工只能砍倒他面前的那棵树，而一片只砍了一半的树林则对他没有任何意义。与一边积极处理手头的任务，一边一心多用相比，专注于砍倒你面前的那棵树能让你在所有事情上都取得更好的进展。这是违反直觉的，但这是事实。

预防拖延症

下一步是积极预防拖延症，有几种方法可以做到这一点。你可以清理你的学习空间，不要让任何东西在视觉上吸引你的注意力，让你分心。你可以采用"一次性完事"原则，这意味着你在第一次看到或着手处理任务时，就要把它彻底做完。这说起来容易做起来难。最后，你还必须提防我所说的"高效拖延"陷阱。

就在我们要做一些重要事情的时候，我们会突然想起地毯该清理了，或者浴室该打扫了。你并不会感觉那是在浪费时间，因为从理论上讲，那是积极且有成效的事情。然而，这并不能帮你实现总体目标，只会帮助你回避其他事情。这也许不算是最糟的习惯，但我们并没有意识到，这样做只是为了回避更紧急、更困难的任务。

关注自己的注意力

为了更好地集中精力，**你最后要做的一步是关注你自己的注意力**。这是什么意思呢？

把你的注意力想象成肌肉。你不能过度使用注意力，而且你每天能专注去做的事情也是有限的。你可以训练注意力"肌肉"，让它变得更强更好，有些事情有利于改善它，有些事情则会阻碍它。你可以让它休息一下，也可以给它补充能量。

你最应该记住的是，注意力是有限的。你必须节约你的注意力，用于完成必须完成的任务。无论这意味着你要回避其他的任务，还是事先移除周围吸引注意力的诱惑（比如电视或者可以摆弄的物件），你都需要把注意力当作会在一天中耗尽的电池。当你的注意力水平下降时，你就不能很好地学习，所以在开始之前和学习途中，你要关注自己的注意力状况。有时你不能强迫自己坚持下去，这也没有关系。

所有这些基础工作的最终目标，都是为了帮助我们走向成功。为此，诺埃尔·伯奇（Noel Burch）贴心地用 4 种水平的能力来定义走向成功的道路。

这 4 种能力水平如下所示：

- **无意识的无能**——我们对所学的东西缺乏正确的直觉，因为我们根本不理解它。
- **有意识的无能**——我们对所学的东西缺乏正确的分析，因为我们只知道一些基本规则。
- **有意识的能力**——我们有了正确的分析，但还没有形成正确的习惯或直觉，因为我们才刚刚开始成功应用那些基本规则。

- **无意识的能力**——我们对未来有着正确的直觉，因为我们对基本规则有了足够的观察和分析，我们在事情发生之前就会有准确的预判。

前文的例子已经清楚说明了这些能力水平。你只有在理解了基本规则，并养成运用这些规则的习惯之后，才能学会滑雪。这些规则会让你拥有本能的习惯，帮助你在陌生的斜坡上滑雪。同样，你可能对西班牙的历史有所了解，但如果你分析其发展趋势，你就能解释为什么某些事情会发生，并理解西班牙目前在欧洲的地位。

请注意，某些人一开始就具备无意识的能力，这很危险，因为这些人通常不擅长教学。这是因为他们无法从直觉之外的角度来解释他们的想法。

这些能力水平和直觉养成的过程，直观地反映了真实的学习过程：

1. 尝试

2. 成功或失败

3. 失败了，就分析失败的原因

4. 回到第 1 步

这个过程可能在下面加粗的地方出错：

1. 尝试

2. 成功或失败

3. 失败了，**但错误地分析失败，或者未能纠正行为**

4. 回到第 1 步

学习金字塔、4 种能力水平，以及如何更好地集中注意力，这些知识都有助于确保你不会落入第二种陷阱——这是一个失败的学习过程。

要提高学习能力，首先要了解你自己。这就意味着你要确切地知道，哪种学习和信息加工方式最适合你。

人们对学习方式有着截然不同的偏好，这可能会让有些人感到惊讶。有研究表明，当采用最适合自己的学习风格或偏好的学习方式时，受试者的学习效率会大大提高。

你不需要把这些指导方针当作确凿的证据，但你可以认识到，你可以用不同的方式获取信息。这种简单的认识就能极大地影响你的学习方式。你可能会觉得，自己用某种方式学习缺乏进展，只要换一种学习方式，也许就会发现这样更适合你。也许某种学习方式让你感觉很好，而另一种方式会让你更进一步。

关键是要让你的"学习军火库"中拥有更多的"弹药"。如果你在学习中和他人竞争，他们可能会释放出全部的学习潜力，因为他们知道最适合他们的 3 种信息获取方式，或者知道如何用 3 种不同的方式投入学习。如果你只会运用一种信息获取方式，即使你很擅长，并把这种方式用得炉火纯青，你也很可能在竞争中落败。

想象一下，如果你只会说法语，但你却不得不阅读俄语读物，看俄语电视节目。几年之后，你可能会熟悉你所学到的东西，甚至可能总结出适合你的学习方法，但你永远不会像用法语阅读和看电视一样熟练和高效。

不了解适合自己的学习风格和偏好，就会引发如上这些问题，这就是你要面临的风险。

言归正传。在本章我只会介绍两种主要的学习模型。

还有更多学习模型，但这两种是最广泛、最普遍的。这进一步证明，在学习和专业技能的培养方面并没有放之四海而皆准的方法。事实上，不可能有这样的方法，除非你只是追求最低水平的能力。记住，我们在探讨下面的每种方法时，试着问问自己，你是喜欢这种方法，还是不喜欢。不论喜欢还是不喜欢，这种判断过程都很重要。

VARK 学习分类模型

VARK 是一个首字母缩略词，代表了 4 种学习类型，将学习者分为不同类型。VARK 学习分类模型是由尼尔·弗莱明（Neil Fleming）提出的。VARK 学习分类模型的 4 种学习类型如下：

- 视觉型（Visual）

- 听觉型（Auditory）

- 读写型（Reading/Writing）

- 动觉型（Kinesthetic）

如果你属于视觉型学习者，这就意味着你喜欢看到信息。这样你才能实实在在地看到形象的概念，看到它们与其他概念之间是否存在联系。**你可以试着用图表、图形甚至图片来总结信息，这样可以让你在短时间内弄清楚要点。**至少，你可以用一种直观的方式整理笔记、汇总信息，以便更好地理解记忆。仅仅是听到或读到信息不会产生同样的作用，往往只会让你一只耳朵进，一只耳朵出。

如果你属于听觉型学习者，这意味着你喜欢听信息，而不是看到或者阅读信息。**听觉是你处理信息的最佳方式，这样你可以一边处理信息，一边整理自己的思路。**出声背诵信息也很有帮助，因为这是一种主动的、有意识的行为，你的背诵和别人的不一样。这样能让你把自己的想法说出来，自行得出结论，产生联想，这是你通过阅读或写作无法做到的。要达到最佳效果，请尽可能多地把别人的话录下来，包括给自己录音，然后用出声思考的方法，得出你自己的结论。

如果你属于读写型学习者，你就更喜欢与文本打交道，与文字互动。这样能使你按照自己的节奏充分处理信息。**对你来说，通读笔记并做总结是最好的方法**。思维导图之类的技巧也有帮助，因为这些方法能让你清楚地看到概念之间的联系。为了达到最好的效果，你应该要一份书面讲义，用自己的笔记和想法来做注解。这样一来，你就可以得出自己的结论，亲眼看到相关证据。

如果你属于动觉型学习者，你就很难端坐着听课，你想要对所学内容有切身的体验。**你需要尝试、摸索，去自主发现事物内在的运作规律，因此**

仅仅是听讲不会给你留下深刻印象。你需要练习，需要解决问题，需要为琐碎的知识点命名，需要填写表格。这是典型的主动学习，因此动觉型的学习方法对于许多人都很有效（不论他们有没有意识到这一点），这也不足为奇。这种方法会迫使学习者参与学习、主动分析，这对记忆的形成和保留是极有帮助的。通过观看演示，然后自行尝试，你可以获得最佳学习效果，并且可以获得你用其他方式可能错过的信息。

7大学习类型

7大学习类型与VARK学习分类模型有许多相似之处。实际上，这里提到的学习媒介分类有重叠的地方，而且这种重叠是有道理的：人有5种感官，你运用感官的方式是有限的。不过，VARK学习分类模型更传统和具体，7 大学习类型则侧重于运用人们的先天偏好与天赋。

话不多说，7 大学习类型如下：

- 视觉／空间型
- 耳听型
- 言语型
- 独立型
- 社会型
- 逻辑型
- 躯体型

视觉／空间型学习者更喜欢看图片、图像、影视资料，而且通常能够将他们正在学习的东西直观地想象出来。 对比其他学习类型的描述，你会发现视觉／空间型学习者能更好地用眼睛来处理信息。用眼睛看到的信息能够在大脑中得到巩固。即使你只能读或听，你也可以用图片代替文字，用显眼的颜色凸显重要的地方，让你记的笔记和大纲在视觉上容易理解。依然以学习西班牙历史为例。**你最适合研究的是航海图、图表、影视资料，以及其他不只让你读或听的视觉媒体信息。**你可以把课堂笔记整理成包含大量信息的图表，这样你看一眼就可以消化其中的信息。

耳听型学习者也常被称为音乐学习者。明确区分这个类别很重要，因为 VARK 模型会把这类学习者笼统地归为听觉型学习者。**耳听型学习者不一定更喜欢靠听觉来学习，他们更喜欢所有能与自己喜欢的音乐产生关联的信息。**他们喜欢节奏、模式、音律和旋律。这些人会不停地哼唱，通过自己作曲来记忆知识和日期。你可能会认为，这类学习者很少，但实际上，我们都有这种倾向。这就是为什么有时广告歌曲会在我们脑海中挥之不去。为了更好地学习西班牙历史，**你可以把信息编入现成的或新的歌曲和旋律**，这样你的学习效果才最好，因为你很容易记住歌曲和旋律，信息却成了音乐中的次要部分，这对你来说是一件好事。

　　言语型学习者也叫语言学习者，这意味着他们不仅喜欢把文字读出声，而且喜欢阅读。这种学习方式乍一看似乎很轻松，因为大量现成的信息普遍以书籍或讲座的形式呈现。如果你想学得更好，你需要把听到或读到的东西写下来，以增强信息的内部联系。为了更有效地学习西班牙历史，你可以选择一系列测试样题，把答案写下来，让你的见解从你的笔尖流露出来。**如果你更喜欢使用文字，那就应该坚持用文字，把所有图表、图形或图片中的信息总结为简单的描述，以便稍后深入了解更多细节。**这类学习者常会反复地随手写下大量有条理的笔记。你应该一边写下自己的想法，一边把自己的想法说出来，并为自己整理一些问题，待会儿再去回答。

独立型学习是一种与VARK学习分类模型截然不同的学习类型，后者关注的是你接收的信息属于哪种类型。7大学习类型是更具整体视角的界定方式，关注的是你如何以最佳的方式处理信息。**独立型学习者更喜欢独自学习、独立整理他们的思绪。整个学习过程都发生在他们自己的脑海里，他们会创造自己的素材，总结出自己的学习方法，以达到自学的目的。**他们可能会与他人互动，但最后他们会"躲进洞穴里"，独立思考信息之间的联系。他们知道该问自己什么问题，知道自己欠缺哪些知识。别人阐释的概念不会给他们留下太深的印象，因为他们需要自己一步步推敲。为了更好地学习西班牙历史，**独立型学习者会闭关待上几天，而且最**

多只会带几本教材，听几场讲座。

社会型学习者与独立型学习者自然形成了鲜明的对比。**社会型学习者更喜欢在小组中学习，或者与他人一起学习，这样他们就能与他人一起讨论想法与概念**。他们想要尽量拓宽视角，因为这样能让他们的理解更加全面。他们喜欢探讨不同、广泛、多样的观点，因为这样能确保不会遗漏任何细节。一旦他们验证了自己的疑问和信念，他们就会对自己所学的东西充满信心。为了更好地学习西班牙历史，**社会型学习者会参与角色扮演或问答小组，通过回答问题来获取信息，而不是通过刻苦地阅读**。

逻辑型学习者更喜欢通过构建逻辑联系、洞察知识背后的系统结构和推理过程来学习。这类人喜欢数学，因为解决数学问题只有一种正确的方法，只要遵循这种方法，就能得到唯一正确的答案。这一过程中没有不确定性，几乎所有问题都可以用某种逻辑来解释。你应当探究那些驱动行动的内在动机，因为全面理解背景信息有助于掌握逻辑。想更好地学习西班牙历史的**逻辑型学习者会着眼于大局，探究特定事件背后的原因，以及这些事件所引发的连锁反应**。你渴望能够洞察事物的规律，并说出"哦，那就是那件事发生的原因，那就是规律"，从而清晰地认识这个世界。不过这并不总是可行的。

躯体型学习者更喜欢通过体验真实的、物理上的刺激来学习。触摸就是体验，体验就是认知。他们喜欢用动觉来巩固学习，因为他们有着强烈的感受与情绪。对于这类学习者来说，端坐在椅子上是最糟糕的学习方式。他们更愿意站起来与他人互动、制作学习材料、展示、角色扮演，尽可能多地运用五种感官。他们喜欢感受，感受能让他们记得更牢。为了更好地学习西班牙历史，**躯体型学习者更喜欢亲身探索博物馆、学习民间舞蹈、制作关于西班牙史的模型和图表，并在观众面前进行集体表演。**

本章介绍了两类学习分类模型，以及 11 种不同的信息处理方式。哪些方式会引起你的共鸣，哪些方式让你觉得不太感兴趣？多数人都是复合型学习者，所以你可以从这 11 种方式中选取一些要素来帮助自己学习。重要的是了解你自己，总结出最能满足你偏好和需求的学习方法。只有这样，你才能从一开始就像爱因斯坦一样学习。

最后要说的是，关于学习类型理论的探讨与批评越来越多。也就是说，这些批评认为，不管人们认为自己具有哪些学习类型或偏好，不同学习方式对信息的整体记忆效果并没有什么影响。

事实真是如此吗？很有可能。然而，学习总是需要长时间坐着不动，而人们对静坐的忍受程度则是不同的。因此，我们可以将每种学习类型或偏好看作一种工具或窍门，可能有助于使学习变得更有意思、更易于理解或更有动力，这比单独静坐于书桌前要有效得多。

毫无疑问，更好地阅读就等于更好地学习。

你可能不喜欢阅读，也可能你的学习偏好与阅读格格不入，但你无法避免阅读。你最初获得的大部分信息都源自书面文字，尤其是如果你想在学习中掌握主动权，你就不得不阅读。在你获取信息之后，如何处理信息取决于你自己，但你在学习任何新东西的时候，都需要尽可能多地阅读、获取信息。

阅读是阻碍大多数人进入最佳学习状态的第一道难关。每当看到一本新书，或者一系列文章的时候，他们会觉得阅读需要花的时间太长了，那有什么意义呢？当你的阅读进展缓慢、缺乏成效的时候，你就会失去即时满足感。这样一来，学习新事物似乎就成了一项艰巨的任务。

因此，改善阅读能力就变得十分重要了。每当你想学习新东西时，这是你必须迈出的第一步。

阅读能力通常包含 3 个部分：速度、效率，以及记住的信息，我将在后面更详细地介绍。

提高阅读速度

对于多数没有专门学过速读的人来说，试图读得太快会大大降低理解能力。这就意味着，对大多数人来说，读得越快，能理解和利用的信息就越少。

本书不会告诉你要尽可能快地阅读。不过，你可以做一些小的改进，来不断调整你的阅读速度，这样一来，以前需要数日时间才能读完、理解的文字，现在就只需要几个小时了。

提高阅读速度的第一个技巧就是减少默读。

你现在多半就在默读。默读是指你在心里读出你正在阅读的文字。这是一种几乎没有必要的习惯，不过当你想要放慢速度、深入理解文字的时候是有帮助的。有一个简单的事实是，我们理解和处理文字的速度远比我们听、说文字的速度快。在阅读的时候停止或减少你在心中所说的话，能大大提高你的阅读速度。如果说出声朗读是最慢的阅读，默读就是倒数第二慢的阅读（稍稍比前者快一些）。

快速阅读的第二个技巧就是练习一次阅读好几个字。逐字阅读既缓慢又低效，还可能导致理解错误，因为你关注的是单个文字，而不是文中的上下文或含义，这是一叶障目的典型例子。

可以从一次阅读两个字开始练起。这需要练习，但当你开始练的时候，你就会意识到，你完全不需要单独阅读每个字。你可以把两个字看成某种缩写。当你能熟练地一次阅读两个字的时候，你就可以开始一次阅读三到四个字，直到你可以将一句十个字的话看成由两个五字短语组成的句子为止。

这是最终目标：能够将短语组合在一起阅读，就像你将单个文字组合起来一样。要想一次阅读多个文字，其中的一个关键就是睁开眼睛、放宽视野，就好像你在利用你的边缘视觉一样。

快速阅读的第三个技巧，就是改善你的视觉专注力。我们经常因为走神而不得不重读词句，甚至需要重读整个段落，因为我们会被其他事情分散注意力。这会导致你在阅读时不断回顾前面的内容或走神，而且会大大降低阅读速度。这样会让你不得不回到"这部分是讲什么的来着"这个问题上。

要提高阅读时的视觉专注力，最简单的办法就是利用能进行定位或发出指示的工具，比如索引卡、铅笔，甚至手指。给你的眼睛一个非常明确的指示，告诉眼睛应该看哪里，接下来该朝哪个方向看，眼睛会听从指示的。这样能让你保持较快的阅读速度，防止不断回顾前面的内容，让你更专注于文字的主题。

我已经说过，本章的重点不是速读。关于这个主题已经有许多书了，我不想班门弄斧。本章讲的是如何更好、更有效地阅读，那是我们接下来要讲的。

更有效地阅读

有效阅读的技巧主要适用于阅读书籍，但也适用于阅读较长的文章（包括博客文章）。

这种方法的基本观念是，这些书籍和文章通常最多只有一两个大的、重要的主旨。显然，不同主题的文本在这方面有些区别，但大多数文本通常会有一个"结论"部分，总结了它们的所有发现。

其余部分通常是案例研究、趣闻轶事、思辨推断或者题外话。非虚构类书籍尤其如此，如果没有大量案例研究、举例子、以不同方式重申同一概念、为断言提供证据，这些书籍通常可以用一页纸来做总结。我们该如何利用这一规律呢？

我们可以借此做到极其有效的阅读。你的阅读任务就是找到一两个大的、引人注目的主旨，然后把其他杂七杂八的东西去掉。这就意味着你不需要真的从头到尾阅读全书或全文。事实上，全书或全文阅读可能是个错误，是在浪费时间。

注意，这种技巧对阅读较长的文章更有效，因为你通常不需要在阅读短文时费尽心力地提高效率（短文篇幅一般很短）。

这种技巧包括 3 个步骤，我会用读书的例子来说明。

第一步是花 3 分钟简单浏览一下这本书的封面、封底、目录和摘要。你可以把这一步当作预习。事实上，你可能在这一步中掌握这本书的核心内容。许多书籍一开始就会把它们的中心思想讲出来。如果你有时间，也可以分析一下序言或第一章，因为中心思想可能也会写在那里。

第二步是花大约 7 分钟的时间再次浏览本书，但要更深入。此时你要阅读每一章的两段话，找出每章的中心思想，以及支持这种思想的主要证据。如果你看到故事或轶事，就跳过去，因为这部分通常只起说明作用。在这一步中，你还要记录在下一步中需要更仔细阅读的部分。

第三步要花 20 分钟更详细地阅读书中的特定部分。你应该已经了解了这本书的中心思想，你现在需要寻找阐释的部分，以及每一章为这些中心思想做了哪些补充。回顾一下你在上一步中做标记的部分，更详细地阅读这些内容。最后，汇总你所读到的内容，总结出 5 个要点，每个要点下最多再附带 3 个小点。

有些人喜欢再加上第四个步骤，即阅读每章中每一段话的第一句，但这对你的目标来说多半是没必要的。你的目标是找到一两个中心思想！到了这一步，你对书中的内容应该有了相当清晰的把握，而这只花了你 30 分钟。如果你对某个概念不够清楚，你也已经准确知道该读哪里了。

记住更多信息

记住更多你读过的东西比你想象得更容易。问题是，大多人认为，阅读是一种相当被动的活动。也就是说，他们认为阅读只是坐下来读书，信息就会以某种方式留存在他们的记忆库里。

事实并非如此，为了更好地记忆和理解，你需要让阅读成为一项主动的任务。**最好的阅读方式就是有目的地阅读，因为这会让你对眼前的信息保**

持专注和敏锐。有目的地阅读也会让你成为一个提问者，这一点非常重要。在读完每一长段话、每一页，或者是每一章之后，你都可以问自己一系列问题，来帮助自己用一种积极参与的方式理解这些信息，并且在信息之间建立更多的联系。

例如，你可以问如下这些问题。

- 这一点与本章或整本书有什么关系？

- 我刚刚学到了什么？

- 这一点为什么重要？

- 这种观点有哪些缺陷？

- 相反的论据是什么？

- 如果想让这里所说的情况发生，必须具备哪些条件？

- 如何用一句话来总结我刚刚读到的内容？

如果在阅读过程中，你能偶尔积极思考上述问题，你就能记住更多信息，因为信息不再是一组冷冰冰的事实了。信息之间建立起了一系列联系，你就有了论证过程和背景信息。这就是听到一堆音符和听到管弦乐合奏之间的区别。这样能让你记得更牢，因为你通过分析问题，让这些信息对你来说有了意义。

汇总并记忆信息的最好方式之一，就是预测接下来会出现什么内容，或者说根据你所读到的内容，预测书中接下来会讲什么。综合足够多的信息，做出有根据的猜测，这样需要的思考和理解水平远比被动地阅读要高。

举个例子，想象一下，如果你要用一部电影来表现书中的内容，你需要用到什么样的思维过程。你需要思考影片中呈现的暗示、角色的动机与思维过程、类似的电影中可能常会出现哪些情节，以及从前的场景触动你的原因。如果你要预测电影的情

53

节，你可能会列出上述所有信息，这表明你很投入
地看了电影，并且沉浸在故事情节之中。我们在学
习时也可以做类似的事情。你不需要做出正确的预
测，甚至不需要做出很靠谱的预测，重要的是思考
你所看到的东西，尝试发现规律、分析规律。

**最后，要想在阅读时记住更多内容，就从结尾
开始读起来吧。**不是说要倒着读书，而是要按照不
同于你最初阅读的顺序来阅读和复习。对于一本
书来说，你可以从最后一章的最后几个要点开始
读起，一直读到序言。对于一篇文章或研究论文
来说，你可以从结论读到前言。这样做有什么目
的呢？

当你不断地用同样的顺序阅读时，你就好像
在泥地上留下了一串脚印。换言之，你是在巩固信
息，但这种信息只会按照特定的顺序排列，只会出
现在特定的语境之中。可能只有当你读到或想起的

内容位于你要记忆的内容前后，你才会记住那部分内容。

这就好像以同样的顺序反复听一列歌单。最终所有的歌曲会融合成一首长歌，你可以根据当前播放的歌曲想起并预测下一首歌曲。但如果脱离了这个顺序和背景，你可能就想不起那首歌了。

如果你打乱阅读顺序，通过不同的语境和角度来获取信息，你就能显著提高记忆效率，因为信息突然变成了一幅三维的画面，而不只是一组平淡无奇的事实。

第5章

记好笔记的艺术

正确使用笔记可以让概念存储在你脑海中，并成为你记忆库中坚实的部分。

记笔记不仅仅是把你听到或读到的东西写下来供以后研究。

记笔记就是让概念在你脑海中扎根，并成为你记忆库的一部分的过程。正确使用笔记可以让概念存储在你脑海中，并成为你记忆库中坚实的部分。

笔记应当是你学习的起点，我说的不是阅读别人的笔记。当你为了学习而消化信息时，按照自己的方式记笔记供日后复习，这是你以有意义的方式汇总信息的第一步。

这些年来，你可能尝试过一些不同的方法，诸如写提纲、画思维导图，或者简单写下你听到或读到的每一个看似重要的观点。有些方法可能对你有用，但几乎可以肯定的是，有更好的方法来组织和吸收信息。你可以随意记一些关于记笔记的笔记。

4 阶段笔记法

有效地做好笔记，需要经历如下 4 个主要
阶段：

- 记笔记

- 编辑笔记

- 分析笔记

- 反思笔记

我们当中的许多人可能永远无法到达第四阶
段，甚至许多人都无法到达第二阶段。但这恰好表
明了我们还可以从笔记中获得多少额外价值。

**在记笔记的第一阶段，你要尽量记下所有重
要的概念与细节。**你要尽可能地把那些信息记录
下来，用你自己的话阐释论点和细节，来支持每
个重要概念。在每一部分的笔记后面留出空间，以

便之后添加更多的细节，并且尽可能地写出要点、列出清单，而且一定要标注需要澄清和进一步研究的地方。

最初的笔记最好是用手写的。这样你就必须在写每个字的时候花更多时间，在写字的时候也必须斟酌取舍，因为你不可能把想到的一切都写下来。这样会迫使你从一开始就要编辑自己记录下来的信息。然后，在接下来的阶段，你就可以把你手写下来的笔记转移到其他媒介上。

同样，不要依赖完整录音的文字转录稿。一定要坚持自己记笔记，这样你才能在获取信息的当下，立即总结和分析重要信息。

下一阶段是编辑笔记。在这个阶段，你要回顾最初的笔记，仔细编辑你写下的东西，把所有内容检查一遍，然后再写一遍。这样有助于理解知识点，也有助于发现知识盲点。

在必要的地方做一些额外的研究，然后收集并整理你的笔记，让笔记反映出你对该主题的所有理解。复习较为复杂的概念，并做出总结，标注出需要特别强调的地方，并确保你可以很容易地找到参考资料。

在第二阶段，你的笔记要易于理解和阅读，能够让那些对该主题没有任何了解的人一目了然。记住，你的笔记不是为了在这个领域内深耕已久的专家写的。你记笔记是为了帮助自己与遗忘作斗争，所以你需要保留上下文的线索与信息，方便自己复习。在笔记中留下页码、参考书目和文章，这也是一个不错的主意，这样你就能轻易找到原始的信息来源。

第三阶段可能是你没有达到的阶段——分析笔记，也就是积极总结每个部分的笔记，并尝试将所有内容浓缩为尽量简短的话语。此时你可以利用首字母记忆法和其他记忆术。

在这一阶段，你也要尝试将每个概念与其他概念联系起来，指出概念之间的因果关系，或者标注出它们之间的相关关系。这一阶段的主要任务，不仅仅是肤浅地记忆各项事实信息，还要对笔记有更深的理解。要做到这一点，你可以问问自己，这些概念是如何组合在一起的，为什么作者会在同一章节中提到它们。

第四阶段是反思笔记。这一阶段通常包括与他人讨论你的笔记，以确保你的理解是正确的，并通过公开讨论和小组分析来达到更深层次的理解。毕竟人多力量大，真理越辩越明。讨论的对象可以是同辈，也可以是老师或教授。

不要把重点放在事实信息上，而是放在你在第三阶段所做的分析、总结和概念性理解上。对于大的学习主题来说，这些东西才是重要的，它们才能帮助你在陌生的情况下做出判断。

了解西班牙历史中的事实信息是有帮助的，但更有用的是理解宗教与帝国主义的作用，因为这会帮助你了解当时的社会环境，以及为什么会发生那样的历史事件。你还需要寻求反馈（这一点很重要），从而积极地找出知识中的短板，以及你可能弄错的地方。你可以试着从你的笔记和知识中找出漏洞，这样可以巩固你所掌握的正确知识。

一般而言，不要被动地记笔记，而是要明白，初步获取信息、做完笔记之后，你的任务才刚刚开始。每次复习的时候，你也要付出努力，让复习变成参与性学习，这样你就不会被动而懒洋洋地浏览自己记得漂漂亮亮的笔记了。

在复习的时候，要给自己一个具体的任务，而不只是"看看笔记"。具体的任务包括整理一系列

特定的概念，寻找其他概念之间的联系，将支持重
要概念的论点按照重要性排序，或者制作概念图，
从直观的角度观察概念之间的联系。

康奈尔笔记法

最著名的记笔记的方法，叫作"康奈尔笔记
法"，这种方法实际上包含了前面提到的记好笔记
的 4 个阶段，具体步骤如下所示。

把你的笔记本页面从中间分成两栏。将右
边一栏标为"笔记"，左边一栏标为"提示"。
在页面底部留出几厘米空白，将这部分标为
"总结"。

这样你的页面就有了 3 个不同的部分，但是
你只能将笔记写在"笔记"部分。你可以在这里
照常记下重要概念和支持性的细节，用词尽可能

简洁。确保在每一条笔记之间留下一些空白，这样你就可以在后来添加更多细节和澄清的内容了。你可以在适当的地方绘制图表，列出表格，尽可能记录下重要的信息。在开始做笔记的时候，你不需要考虑如何整理或如何做着重标记。你只需要写下你听到或读到的内容，并尽可能记下完整的信息。

做完笔记之后，看向左侧的提示栏。你要筛选并分析笔记栏中的每个部分或概念，在这一栏中写下重要的内容。笔记栏会比较杂乱，而"提示"栏则相对有条理地描述了当前主题——左右两侧基本上都是相同的信息。在提示栏写下主要的支持性事实，以及任何重要的东西，但要有条理。这样做还有一个额外的好处，那就是你必须马上回顾自己的笔记，汇总所有信息，找出重要与不重要的内容。

最后，写完笔记栏和提示栏后，再看向底部的**总结部分**。在这里，你可以尝试把你刚刚记的笔记总结为几个最核心的概念、最精炼的论述，再加上几个最重要的支持性事实或例外情况。你要用尽可能少的文字表达尽可能多的内容，因为当你复习笔记的时候，你肯定会希望能快速理解，而不必重新拆解和分析所有笔记。你希望快速浏览总结和提示部分，然后再看下一页。

康奈尔笔记法和 4 阶段记笔记法有一些相似之处，但无论你采取哪种方法，你都有了自己的学习指南。然而，更好的是，你把过去的整个学习过程都写在了一张纸上——从最初的笔记到汇总和总结都包含在内。你现在记录下来的信息，可以让你随心所欲地深入研究、比较参考。

总的来说，记笔记不是一种懒洋洋的、被动的活动。这才是记好笔记的真正秘诀。笔记是你可以参考的东西，是能让你立即理解、为你所用的东西，而不是需要费力"破译"的东西。记好笔记需要练习，通常不会第一次就做得十分完美。

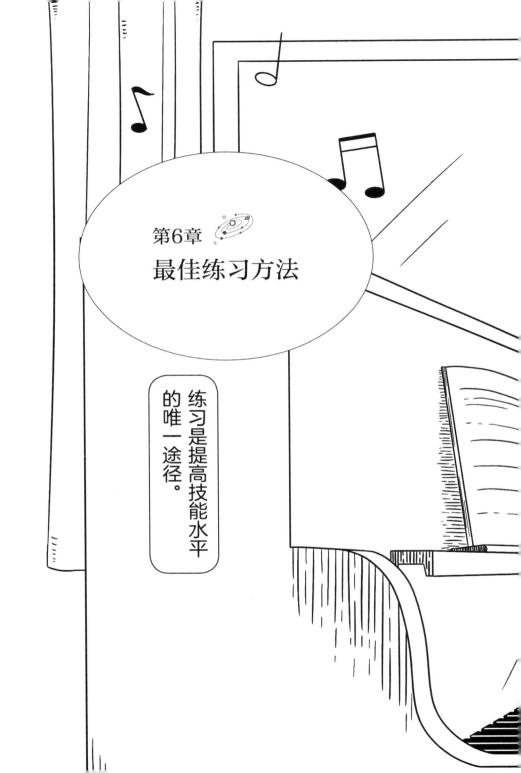

第6章

最佳练习方法

练习是提高技能水平的唯一途径。

有什么方法能让你在学习某件事情之后立即成为这方面的专家？

练习！令全世界所有愤怒地坐在钢琴前的孩子们感到懊恼的是，练习的确是提高水平、跻身专家行列的唯一途径，哪怕你有莫扎特的天赋。

然而，就像学习、记笔记和阅读（我们目前在本书中讨论过的大部分事情）一样，有些方法只在我们的想象中是有益、有效的，而有些方法却是真正有效的。换言之，我们很可能没有按照最好的方式来练习，即使我们做到了这一点，我们也可能没有带着正确的目的来练习。

练习有时很难量化，因为我们通常认为，练习就是重复一个动作，或者反复做某件事，直到我们觉得自己进步了。话虽没错，但这种想法过于模糊，并不能显著提高专业技能，因为这种做法背后缺乏目的或系统性。

在谈到练习（刻意练习的细节以及练习过程中的关键）之前，我想谈一谈你可能已经熟悉的基本练习技巧。在本章中，我想用学习演奏乐器的例子——学小提琴。

第一步：承诺

第一步是承诺。不仅仅是承诺要认真练习，而是要承诺不满足于蜻蜓点水、被动参与、走走过场。每次练习要投入 100% 的专注力，要全身心地投入所学的知识中去。虽然这样会让你疲惫不堪，但是真正的练习没有捷径可走。要在某方面取得进步，你就需要走出舒适区。这个过程少不了痛苦挣扎。在试图攀登高峰的时候，你会感到不适、力不从心。所以，你要许下承诺，自己将勇于面对所有挫折。就像小提琴手必须忍受手指酸痛、臂膀痉

71

挛、眼睛因长时间看曲谱而疼痛，以及手指不听使
唤的沮丧。

许下承诺，设置预期，这是一个需要克服的挑
战，不要因此而气馁。

第二步：最佳练习难度

**第二步与第一步类似。你的练习必须挑战你
能力的极限。这意味着你应该有一个最佳的练习难
度。**难度太高会让你气馁，难度太低会让你厌烦，
不会带来任何进步。你要找到挑战你能力极限的最
佳水平，因为这样你才会在取得胜利和成绩的时候
受到鼓舞。对于初出茅庐的小提琴手来说，这就意
味着，你要尝试演奏和练习那些稍稍超出你对自身
能力预期的乐曲，或者是整体难度偏低，但其中有
部分难度较高的乐曲。你通常不会瞬间取得跨越式

的巨大进步（除非你是初学者），进步是逐步发生的。你应该根据这个规律调整你的练习，让自己充满动力，并保持现实的态度。

第三步：给予自己积极反馈

第三步是在练习间歇中不断给予自己积极的反馈，这一点是很重要的。 练习自然会令人沮丧，因为其中包含了大量的失败。如果你接连经历太多失败，你可能最终会开始相信自己完全缺乏做这件事的能力和天赋。

要关注你取得的成绩，而不要关注你的失败。要关注你的起点和你现在的水平。回顾和统计一下你每周或每月花了多少时间，这样你就能直观地了解你付出了多少，而不会觉得你根本没有努力。

小提琴初学者可以每个月给自己录音，这样他们就能发现自己的进步了，也可以比较自己初学一首乐曲时的录音与自己掌握这首曲子时的录音。有时候，只有当我们看到巨大的反差时，我们才会对自己付出的努力感到满意。

要知道，进步向来不完全是线性的，你不会觉得自己每次练习之后都有明显的进步。有时你甚至会觉得自己退步了，但实际上，没有人能每次都发挥出自己全部的实力。只要想想股市的走势就明白了。

第四步：寻求他人的即时反馈

第四步是除了给自己积极反馈以外，还要寻求他人的即时反馈，无论是积极的还是消极的。这样你就不会养成坏习惯，或者强化错误的假设和行为。你需要能够及时纠正自己的前进路线，在内化错误路线之前，尽快纠正错误是重中之重。这样能确保你未来的练习一直走在正确的道路上。

事实上，你应该把大部分时间都花在负面反馈上。你多半已经知道自己擅长什么了。负面反馈会揭示你可能有的任何盲点，并改善你能力中最薄弱的一环。如果你不纠正自己，你就是在教自己做错事。最好从下面这两种人那里获取反馈：①并非天才之人；②与你技能水平接近的人。因为这些人能给你非常重要且清晰的反馈，他们完全清楚你在问什么、在做什么。

我们在本章开头介绍了有效练习的一般指导原则，现在要更深入地探讨一个具体的话题：刻意练习。

"刻意练习"是卡耐基梅隆大学的约翰·海斯（John Hayes）创造的术语。简而言之，这个概念描述了最佳的练习方法，那就是把你的主要目标分解成许多有助于实现目标的子技能。然后，不要盯着主要目标不放，而是要侧重于每种子技能，把这些技能练到熟练的程度，每次练习一种技能。

例如，要熟练演奏一首小提琴曲，就会涉及许多子技能。你必须锻炼手指的力量和速度，练习音乐情感的表达与力度的掌握，磨炼表演技巧、舞台表现力、记谱、看指挥，等等。刻意练习就是把这些子技能分开，一一加以练习，每种技能各练习多个小时，直到它们成为你的相对优势为止。当你能够熟练掌握每种子技能时，可以说你的弱点就少了，你的整体表演水平将会大大提高。

刻意练习是掌握小技能、实现大目标的艺术。一项技能的水平是由最薄弱的环节决定的，而你要确保自己没有薄弱环节。如果一辆赛车拥有顶级的车身和车轮，但只有 1980 年款普通汽车的引擎，它能赢得比赛吗？如果不关注成功的每个组成部分，就没有希望成功。

刻意练习还会教会你分析你的目标，弄清实现这个目标所涉及的因素。你要客观评估哪里行、哪里不行，这样就能准确找出自己的优劣势。这本身就是一项值得学习的宝贵技能，因为你在学习如何分解问题、解决问题。

下面是刻意练习在学习新技能和提高现有技能方面的体现：假设你想学习在健身房举重。

想一想在举重中涉及的子技能，然后开始逐个击破。

你可以从了解你想学的每一种健身动作的安全规则开始做起。如果你想学 15 种动作，那可能需要不少时间。

接下来，你要学习如何做每一种动作，以便获得最佳的锻炼效果。你要学习正确的姿势，以及在做这 15 种动作时的注意事项。对于每种举重动作来说，学习动作技巧本身就是一种具体的子技能。

然后，你要了解每种动作会如何锻炼你的身体，并学习如何制订健身计划，锻炼出平衡的体格。每个人的情况都不一样，所以这个过程可能需要几次练习。

与此相反的做法是，在没有明确目的或不知道自己要做什么的情况下去健身房，扛起杠铃就开始举重。你甚至可能每周都花几个小时来做这件事，但如果你不了解正确的安全须知、姿势、技巧，你就无法发挥你在健身方面的全部潜能。

许多人认为只要努力就能成功。努力当然是一个因素，但大多数努力的人只培养了努力的技能，却不一定在拉小提琴或举重方面有什么进步。刻意练习是关键的因素。

支持刻意练习的最后一个论据，来自得克萨斯大学奥斯汀分校罗伯特·杜克（Robert Duke）的一项研究。他让钢琴演奏者学习一段复杂的乐曲，并观察那些在最后表现最好的人的学习习惯。

他一眼就发现了最好的学习策略。

那就是发现问题，然后强调并聚焦于这个问题，直到问题消失。成为优秀钢琴家的关键在于如何处理自己的问题与弱点。这些人并非天生更优秀，也不是一开始就犯错更少，而是他们分析了自己需要关注的地方，并反复强化了那些具体的弱点，直到它们不再是弱点为止。他们会确保自己不会继续犯错，或者以错误的方式学习，并正确地认识到需要怎么做才能改进整体乐曲的演奏水平。

这听起来与刻意练习的过程非常相似。

第7章
大象记忆术

类比意象可以帮助我们理解复杂的历史知识。

提高记忆力是你成为专家、更好地学习、掌握知识最重要的一步。

"提高记忆力"的说法本身就很模糊，因为我们有不同类型的记忆。多数人想要的是改善长时记忆，但通常较难以实现。

在讨论记忆之前，先讨论一下记忆的组成部分是有帮助的，这样你就能理解如何更好地实现你改善记忆的目标。

记忆有如下 3 种类型，它们的用途有着很大的差别。

1. 感觉记忆

2. 短时（工作）记忆

3. 长时记忆

感觉记忆保存着你从 5 种感官中获得的有意识信息和潜意识信息。这种记忆能帮助你理解你的环境，并且塑造了你的知觉。然而，你只会记住或感知到必要或有用的东西，而这种记忆只会持续几秒钟。这种记忆中大多是我们没有意识到的东西。

短时记忆，或者叫工作记忆，是你在短时间内有意记住的信息，但没有经过复习或主动努力将其保留下来。研究表明，大多数人的短时记忆只能记住大约 7 个项目，但你可能会在 30 秒后忘记其中的大部分。

想象一下，你在努力记住某人的电话号码，以便在遗忘之前把号码拨出去的情形。你这是在依靠短时记忆来记住这些号码，但你不可能永远记住它们，所以你需要尽快拨打。当我们试图记住车牌号码和购物清单时，也会有这样的感觉。

我们会本能地默默重复和复习这些东西，试图让它们进入最后的记忆阶段：长时记忆。

长时记忆通常是我们记忆或学习的最终目标。长时记忆在本质上是容量无限的、永久的。信息能否进入长时记忆，取决于信息的重要性和复习的次数。

将信息存入记忆有 3 个步骤：编码、存储、提取。

编码指的是，当你获取信息的时候，大脑会将新信息与熟悉的信息联系起来，使其具有意义，并将其保留下来。存储是指记忆的保存，通常是通过某种形式的练习或复习实现的。提取是指从记忆库中取出记忆，并以某种方式调用它。

短时记忆与长时记忆存储在大脑的不同部位。短时记忆存储于大脑皮层的额叶，但存储在长时记忆中的信息首先会保存在海马中，然后转移到大脑皮层永久保存。

这些知识很重要，因为我们遗忘信息的多数原因都与记忆形成的一个步骤有关。例如，遗忘短时记忆中的信息，是编码不充分的结果，而遗忘长时记忆中的信息，则是提取失败的结果。这种规律被科学家赫尔曼·艾宾浩斯（Hermann Ebbinghaus）称为遗忘曲线。

艾宾浩斯认为，如果没有足够的复习或练习，记忆就会消退或者无法保存下来。据他估计，人们在接触新信息的 3 周后，通常只会记得其中的50%，在 8 周后只会记得 10%。更多的研究已经证明，如果你在接触新信息后的 24 小时内进行回顾或复习，你就有可能记住多达 80% 的内容。

我们的大脑总是试图用有限的方式来理解这个世界。我们的记忆通常会有选择性地想要过滤掉我们每天都会接触的无用信息。如果你想要复习某些信息，并且让自己反复接触这些信息，这对大脑来说就是一个信号：这些信息不应该被过滤掉，应当占用一些心理资源。

换言之，如果你在星期三学了一些东西，你在当天晚上就应该完成第一次复习，然后每天都要复习，即用进废退。

公认的提高记忆力的最有效方法的基础就是间歇性重复。

间歇性重复

间歇性重复完全就是它字面上的意思，即为了记得更多、更牢，你要把复习的时间间隔开，在尽可能长的时间里接触这些信息。换言之，如果你每天学习一小时，你的记忆效果会比一个周末学习 20 小时要好得多。这个道理适用于任何一种学习过程。另一项研究表明，一天看学习材料 20 次远不如在 7 天内看 10 次的效果好。

如果你把大脑想象成肌肉，间歇性重复就更有道理了。你不能一刻不停地锻炼肌肉，然后不让它恢复就投入使用。大脑在概念之间建立联系、形成"肌肉记忆"、熟悉某种事物都是需要时间的。研究已经证明，人会在睡眠时建立神经连接，而不仅仅是在概念之间建立心理上的联系。此时大脑中的神经突触会建立连接，树突会受到刺激。

下面我们来看看侧重于间歇性重复的学习计划是什么样的。

周一上午 10：00 —— 初步了解有关西班牙历史的事实信息，总共记了 5 页笔记。

周一晚上 8：00 —— 复习西班牙历史的笔记，但不要被动地复习。一定要试着从你的记忆中回忆起这些信息。回忆是一种比单纯的重读和回顾更好的信息处理方式。这可能只需要 20 分钟。

周二上午 10:00 —— 尝试在不看笔记的情况下回忆信息。在你第一次尝试尽可能多地回忆之后，回顾你的笔记，看看你漏掉了什么，记下你需要着重关注的部分。这可能只需要 15 分钟。

周二晚上 8:00 —— 复习笔记。这需要 10 分钟。

周三下午 4:00 —— 再次尝试独立回忆这些信息，在回忆完后才看笔记，看看你还遗漏了什么。这只需要 10 分钟。一定不要跳过任何步骤。

周四晚上 6:00 —— 复习笔记。这需要 10 分钟。

周五上午 10:00 —— 主动回忆。这需要 10 分钟。

看看这个学习计划，注意你在一周里只多花了 75 分钟时间学习，但你已经成功地将整堂课的内容整整复习了 6 次。不仅如此，你很可能已经把大部分内容都记在了头脑里，因为你采用的是主动回忆法，而不是被动地复习笔记。

你已经准备好下周一的考试了。其实，你周五下午就准备好考试了。间歇性重复让你的大脑有时间处理概念信息，通过重复自行在概念之间建立联系、产生联想。

想一想，如果你反复接触一个概念会发生什么事情。在最初几次时，你可能不会产生任何新的想法。随着你对这个概念越发熟悉，每次复习也不再被动地走过场，你会开始在更深层次上审视这个概念，并思考与之相关的背景信息。你会开始将这个概念与其他概念或信息联系起来，并且通常会产生更深入的理解。

当然，所有这些过程都是为了将信息从短时记忆转移到长时记忆中。这就是为什么死记硬背或临时抱佛脚并不是有效的学习方式，这是由于缺乏重复和深入分析，能进入长时记忆的信息少之又少。

为了说明间歇性重复的适用性，保罗·皮姆斯勒（Paul Pimsleur）发现在他设计的音频语言学习课程中，安排一些特定的停顿时间可以优化学习效果。换言之，在每次重复之间有着特定的时间间隔，这样能让学生更好地学习和记住语言。

他得出的有效时间间隔是：5 秒、25 秒、2 分钟、10 分钟、1 小时、5 小时、1 天、5 天、25 天、4 个月、2 年。这表明了重复的重要性，尤其表明了初次学习后的重复有多重要。

如果经过了深层的加工与分析，记忆将会更牢固，因为这些记忆形成了一幅生动的心理画面，而不是一堆会被大脑过滤掉的、无聊且无用的事实与描述。

抽认卡

抽认卡是记忆信息的最好工具之一。这种卡片能迫使你回忆，这个过程不是被动的。你必须主动回忆并说出卡片另一面的内容，正是这种调用潜在记忆的行为巩固了记忆。

为了充分利用抽认卡，你要做两组这样的卡片。第一组卡片上只有定义和单个的概念。一面是一个词的提示，另一面是一个词或一句话的答案。

第二组抽认卡上要尽可能多地包含与某个概念有关的信息，所以你会被迫在只有一个提示词的情况下回忆起所有的信息。这种方法也叫信息组块，这样有助于你的短时记忆（平均只能记住7个项目）将信息保存为更大的组块，而不是保存为较小的、单独的部分。这就意味着，如果你在每张抽认卡上加入更多的信息，这组信息就会组成一个项目，而不是 5 个项目。

在用抽认卡复习的时候，把你弄错的卡片放回卡堆的中间或前面，这样你就能更快、更多次地复习这些卡片了。这样能帮助你纠正错误，更快地记住这些信息。

总的来说，你应该很熟悉抽认卡，可能也用过这种卡片，所以我在这里没有太多新的东西教你。只要确保你明白，用抽认卡学习不是一种被动的活动就好。你要主动回忆抽认卡另一面的内容，把它出声地背诵出来，然后努力根据一个提示词回忆出更多的内容。

记忆术

最常见的记忆术是首字母缩略法，即每个首字母

都可以代表一个词。你可以用这种记忆术来记忆任何东西。

例如，用"ROY G BIV"（红、橙、黄、绿、蓝、靛、紫）[⊖]就更容易记住彩虹的颜色。

这里不需要更多的说明，只是要注意，尽管首字母缩略法是最常见的记忆术，你也可以用其他短语来辅助记忆。关键是要为那些更容易被你记住的东西赋予意义，这可能是因人而异的，更多的例子如下。

用下面这句话来记忆生物分类系统，可能更容易记住：甘于奉献的（英文为 Devoted，或其他以 D 开头的单词）菲利普国王前来喝好汤（英文为 King Philip Came Over for Good Soup 用于记忆

⊖ 这七种颜色的英文首字母为"ROY G BIV"。这里作者所举的全是英文的例子，但用中文记忆也可以采用类似的方法。
——译者注

Domain，Kingdom，Phylum，Class，Order，Family，Genus，Species）。○

太阳系行星的排列顺序：我的极简记忆法，现在你肯定知道如何用我的方法记住它们了（水星、金星、地球、火星、土星、木星、天王星、海王星）。○

这样的例子不胜枚举。你用的缩略词或意象越生动、离奇，就越好记。

故事

你可以按照同样的原理，利用故事、类比和比喻来辅助记忆。这些故事、类比和比喻可以代替一

○ 这句话中的每个词与生物分类系统八级别的首字母都是 D、K、P、C、O、F、G、S。——译者注
○ 这里同样采用了首字母缩略法：M、V、E、M、J、S、U、N。——译者注

系列难以记忆的信息，将其替换成更容易记忆、对你个人有意义的东西。

这里有一个简单的例子，在过去的12年里，我一直记得这个例子，因为在我的脑海中，它完美地诠释了相关信息。人眼睛里有两种感受器：视杆细胞和视锥细胞。一种用来感知黑白，另一种用来感知色彩。可是它们各自负责哪种功能呢？

交通锥是亮橙色的，而杆子则类似于挂停车标志的银色金属杆。因此，视锥细胞感知色彩，视杆细胞感知黑白。

你要做的就是抽取出某件事物的主要元素，然后将这个元素放入你要理解和记忆的东西中去。放入对你来说非常明显的语境里去，这样你一想起这个语境就能得到提示。

找一个有着一两个显著特征的事物，想一想

这个事物如何才能与西班牙历史联系在一起，然后说这句话："它与宗教裁判所很相似，因为……"如果某个故事里有好人和坏人，你就可以把他们想象成历史人物。你可以把类比意象与历史事实之间的差别想象成摩托车与汽车的差别。从某个特定的角度来看，某段历史可能看起来就像烤蛋糕的过程一样。某个历史事件的最终结果可能让你想起，某一年你拒绝回家过节时你妈妈是怎么惩罚你的。

一棵树的图片可能会让你联想起一个国家的版图，因为树枝的曲线很像这个国家。

你可以用你最喜欢的棒球队球员来记住一个国家的政府要员。谁像谁，为什么？你可以用一首歌来记忆历史课上的内容，因为这首歌是关于重建的。

这种主动分析，这种用故事、意象、比喻来

代替信息的方法，有助于进一步巩固记忆。你
这是在用一种引人入胜的方式，将新信息与已
有的信息联系在一起。你对这个思维过程本身
的记忆，甚至可能比对故事或比喻本身的记忆
更深刻。

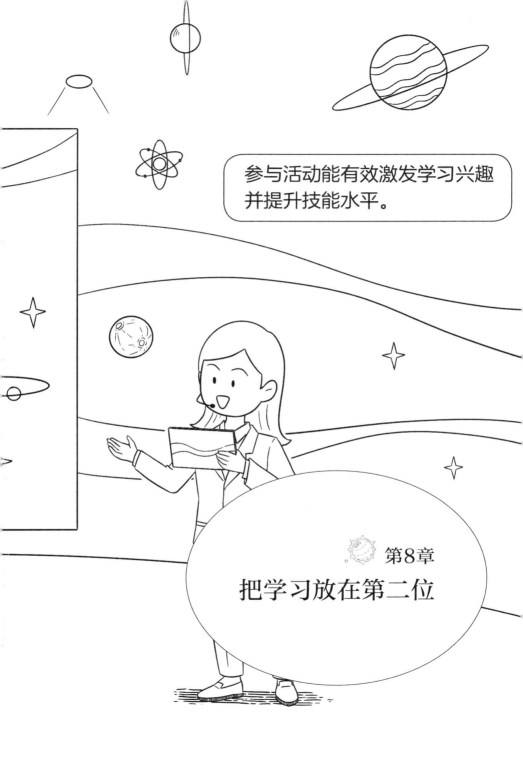

参与活动能有效激发学习兴趣并提升技能水平。

第8章
把学习放在第二位

"当你在做一件事的时候，你乐在其中，以致没有注意到时间的流逝，这才是让你收获最大的学习方式。"

——阿尔伯特·爱因斯坦（Albert Einstein）对儿子汉斯·爱因斯坦（Hans Einstein）说的话

爱因斯坦对他儿子说的这句简单的话中蕴含着许多智慧，这种智慧与本章的重点有直接的关系。

这是一个简单的假设。如果你足够幸运，能够专注于一个目标，并且这个目标的实现恰好需要你学习某些技能或知识，那么你甚至不会注意到你在学习。**你的学习变成了第二天性，这会帮助你不遗余力地实现那个目标。**

我想简短地重复一下我在本书的前言中讲过的那个故事。我曾有一个非常吸引我的目标，那就是和我西班牙语课上的一个女孩——杰西卡——说话。她总是转过身来找我帮忙，因为她可能是班上唯一一个比我更不专心的人，所以我发誓一定要学好西班牙语，这样她就会继续跟我说话了。

为了吸引她的注意，我疯狂地学习西班牙语，甚至研究了晦涩的参考文献和词汇，想要以此打动她。我当时并不知道，但我已经把学习放在了第二位，追求我的目标是我优先考虑的事情。

我把学习当成了一种"副产品"，这也许是最简单的学习方式。

还有一个我哥哥的例子。在他小时候，互联网刚刚开始流行起来。当然，随着互联网的出现，聊天室、留言板以及各种各样的远程交流方式也流行起来。这为许多人打开了世界的大门。我记得我看着他坐在家里的电脑前硬着头皮打字。

有一天，他下载了某种聊天程序，我现在才意识
到那是 AIM 即时通（AOL Instant Messenger）——
当时几乎每个年轻人都在使用这款火爆的聊天软
件。不出一两周，当我再次经过电脑前的他身后
时，我不禁注意到他正把键盘敲得啪啪响。下载
AIM 之后的那一周里，他的打字速度大概翻了 3
倍。他几乎沉迷于在线聊天，这种沉迷很快便转
化为了超强的打字能力。

他把学习打字放在了第二位，因为他的主要目
标是更快地与朋友在线交流！他只想打字快一点，
这样就能把讲笑话的时机把握得恰到好处，而不会
让朋友提前想到笑点。于是他找到了一种办法，即
通过把字打得更快一些来实现。如果他去上打字
课，他的准确性和所谓的技术可能会更好，但他打
字的速度之快令人难以置信，这一切都要归功于
AIM。

下面最后一个例子，说明了把学习放在第二位可以让你在意识不到的情况下学习知识和技能。

这是我读大学时一位朋友的故事。在他还住宿舍的时候，碰巧他身边的人都会弹吉他。这些人在十几岁的时候都学过吉他，他们把吉他带到大学里给女生献唱。他们偶尔也会把吉他都带到一个房间里，像乐队一样演奏经典的摇滚歌曲。

我这位朋友觉得有些受冷落了，于是他问能否在这些室友不在的时候用一用他们的吉他。得到肯定答复之后，我这位朋友便开始自学吉他，练习他室友弹奏的歌曲。他并非因为感到被排挤了，想要融入集体，而是他把音乐看作一种有趣的集体活动，希望参与其中。

下次乐队聚在一起演奏时，他也能够加入其中了。当大家演奏各种曲目时，他在一旁边听边学，跟着不出声地演奏，后来他就变得更自信了，也能更大声地演奏了。他和这帮兄弟们混熟了，也学到了更多、更好的吉他演奏技巧，这样大家就能演奏更复杂的歌曲，也能轮流独奏了。

这位朋友是另一个极好的例子，说明了为什么在有可能的情况下，你应该把学习放在第二位。

只要有适当的动机，你就可以让学习和掌握知识不再是一件苦差事，而是通往总体目标和自我满足的道路上的一步。当你心中有一个更大的目标时，更重要的事情是专注于有效地达成你的目标。此时你可能不会太担心细节，但你可能会得到同样的结果。然后，你可以选择刻意练习、复习、不断巩固所有知识技能，但只要有正确的动机，你就会在无形中使你的能力不断增强，甚至脱颖而出。

最强大的学习工具

技能、专长和学习都可以成为你实现总体目标的"副产品"。我们该如何运用这个道理呢？

要明白，**不以学习知识为目的的动机，才是你最强大的学习工具**。你必须透过树木看到树林，了解你的行为会带来怎样的回报和益处。从本质上讲，你所学到的一切，或者想要改善的能力，都是实现你总体目标或计划的工具。

没有目标和计划？那就设定一个要求你必须学会所需技能，但不是你主要关注点的目标。例如，如果你想把地理学好，那就开始玩需要地理知识的桌游吧。如果你想学好滑雪，就开始参加小型的地方性比赛吧，这样会迫使你进步。如果你想提高打字水平，那就玩一款需要快速、准确打字的游戏吧。如果你想更快地学习一门语言，那就看需要更

105

大词汇量的电视节目吧。

让学习成为旅程，而不是终点。

10 分钟规则

需要强调的是，总是依赖外在的动机和激励是不明智的。这些东西需要你一直处在积极的心态下，但你并非总能如此。这样还会使你处于一种不良的思维模式中：学习和专注是有条件的。你需要鼓舞，你需要有动力，或者需要处于正确的心态下。我们都知道，这并不总是可能的。

因此我想谈谈我所谓的"10 分钟规则"。你可以在两种情况下运用这个规则。第一种情况，如果你不想做某事，那就做 10 分钟，然后就可以停下来。当然，你很少会在进行 10 分钟的时候停下来，因为你已经积攒起了势头，打败了让你懒惰的东西：惰性。

第二种情况，只要你想停止一项任务，或者放弃当天的任务，那就再多做 10 分钟，直到你坚持不下去为止。过了 10 分钟之后，你可能不会再坚持多久，但是给自己一个明确的时限，可以让你在这段时间内完成尽可能多的任务，这样也会让你更有成效一些。你的动力可能会减弱，但自律会让你继续努力。

学习中的重中之重

本章的另一个重点是，行动、实践和应用无疑是学习中最重要的部分。回想一下学习金字塔：最被动的学习方式最不利于记忆。当你采取行动、参与实践，以及应用你所学的知识时，你的学习才处于金字塔的底部——那部分代表了参与性、主动性的学习。当然，这需要付出更多的努力，而我们大部分人都喜欢沿着阻力最小的道路顺势而行。

亲自动手可以让你发现规律、找出联系，这些是观察和研究无法教会你的。我甚至要说，没有第一手的经验，你永远不会掌握任何东西。人才研究者和科学家丹·科伊尔（Dan Coyle）认为，在学习一项新技能时，遵守2/3法则是最有效的。也就是说，你应该花1/3的时间阅读和研究，用另外2/3的时间去动手练习。

你通过看视频和阅读教程来学习弹吉他所取得的进步是有限的。如果你不动手练习，就不要指望在第一次拿起吉他时弹得像吉米·亨德里克斯（Jimi Hendrix）一样好。如果你是一个纯新手，那你需要先研究基础知识，深入了解基本规律和行动规范，然后再去实践。

　　没有实际经验的支持，来自研究的知识本身是无用的。如果你把经验和知识结合起来，你就有了直觉和判断力，这通常才是真正的目标。

利用记忆法来记住购物清单上的物品。

第9章

如何临时抱佛脚

无论有多少警告或建议呼吁大家采用间歇性重复，或者强调预习的重要性，但我们中的许多人仍然不会这么做。

这有着充分的理由。我们往往会忙于做其他事情，甚至不能停下来复习 5 分钟。我们有许多其他东西要学习、研究。在漫长的一天结束后，我们感到精疲力竭。这些都是合理的借口。

我们知道自己采用的不是最有效的学习方法，但不幸的是，我们有时不得不这样学习。这种做法也有可取之处。回想一下，最有效的学习是为了让信息进入长时记忆。间歇性重复的主要目标就是实现从短时记忆到长时记忆的飞跃。一旦促使信息进入长时记忆，你就不需要复习或练习，也能记住它了。你只需要稍加思考就能回忆起那些信息，这些信息会永久地存储在你的大脑里。

在为了应付考试或其他类型的评估而突击复习

时，我们不需要让这些信息完全进入长时记忆。我们只需要让这些信息在我们的工作记忆中稍加停留，将其中一部分编码至我们的长时记忆中。我们不需要在考试后的第二天回忆起任何内容，所以我们只需要这些东西在记忆中待几个小时。

本章的目的是帮助你尽量在最短的时间内学习最多的内容，并且确保你能记住这些东西。这是一项艰巨的任务，但如果你打算通宵复习，你最好用正确的方法去做。

组块

我们在前面谈过组块，接下来我们将详细讨论。**组块就是把五条信息合并成一条信息，以便记忆的过程。**

例如，下面哪一串数字更容易记忆：是 3、3、

5、9、1、0还是33、59、10？这就是组块的作
用。每当你试图想起某个账户名称或电话号码的
时候，你都会这样做。你只需要在概念或语义层
面上组合信息，这样你的记忆就只需要保存更少的
项目了。

回想一下，我们的短时记忆最多只能容纳7个
项目。组块可以解决这个问题，因为就算我们要记
住6个数字，但我们也能把它们变成3个数字。有
一种组块方式叫作分组。你可以将看似不相关的、
随机呈现的信息组成一组，从而方便记忆。下面用
几个例子来说明如何利用组块的方法。

如果你有一张购物清单，你可以用前文描述
的记忆法去记忆，将每个项目的首字母组成一个新
词。如果你想买梨（pear）、苹果（apple）、香蕉
（banana）和内衣（underwear），这些物品的首
字母就组成了"PABU"这个词，这样就更容易记

住或写下来了。

对于同样一张购物清单，你也可以强行把里面的词捏合在一起。如果你要买梨、苹果、香蕉和内衣，你可以尝试记住"pe-ap-ba-un"这个词，这也能代表清单上的所有信息。这样你就用 1 条信息代替了 4 条信息。

另一个例子是，你可以想象一个将所有要素组合在一起的场景或环境。在脑海中想象一个包含上述所有物品的场景，并且记住一共有 4 个物品。你觉得 3 种水果和 1 件内衣会各自出现在什么地方？也许这是囤积癖患者的厨房柜台，或者是某个有伤风化的食品杂货店。你想象的场景越是生动，就越容易记住。

在上面的例子里，你都创造出了某种新的东西，或者参考了你记忆中已有的东西，从而帮助你想起多条信息。你可以在信息之间建立联系，创造

115

出一些有意义的新东西，这样就更容易记住信息
了。这就是原始数据和原始信息很少能进入长时记
忆的原因。当你看出其中的规律、模式的时候，你
就更容易记住这些信息了。

番茄工作法

番茄工作法是一种集中注意力的技巧，可以帮
助你不受干扰地做事，并且按计划休息。这种方法
很简单。**你可以以 30 分钟为单位来划分自己的学
习时间。你要集中注意力，关掉手机，在 25 分钟
内忽略所有干扰，然后拿出 5 分钟的时间休息，**让
大脑放松一下，不要满负荷运转。这就是一个时间
段，紧接着你就要进入另一个 30 分钟的时间段。

大多数采用番茄工作法的人都会把完成 8 个
30 分钟时间段作为自己的目标，但如果你是新手，

可能会觉得这很困难。我建议你先完成3个时间段，然后看看你的感觉如何。

番茄工作法的大目标是避免一心多用，节约在任务间切换、重新熟悉任务上所浪费的心理资源，这样你就不必把时间浪费在弄清当前任务进度上了。一心多用通常会让你前进一步，再后退一步；几个小时之后，你可能发现你的任务只取得了一点点进展。全神贯注25分钟（这段时间并不短），能让你积攒起学习的势头，让你真正地吃透信息。

此外，你很可能会坚持学习超过25分钟，在这种情况下，你应该在学习50分钟后休息10分钟。埋头苦干、努力工作一段时间绝对是有价值的。

番茄工作法还能让你意识到，你是需要休息和消遣的。我们无法一直保持专注，这是自然之理。你不能无休止地冲刺，你在筋疲力尽之前终究需要休息一下。有时你会不堪重负、头昏脑涨，比如你一遍又一遍阅读书中同一页内容，却怎么也无法理解。这时你就知道自己需要休息了。这是记忆与学习过程中很自然的一部分，即使你在突击复习也是如此。

不断总结

记住，当你突击复习的时候，你的时间和记忆库里的容量都是有限的，所以你需要吸收和记忆尽可能少的信息，但这些信息中所包含的意义却要尽可能地多。

你的目标是为体量较小的信息赋予意义与关联。简单来说，你要记住一整段话中包含的信息，并且用一句话将其回忆出来。要做到这一点，你就要重写并重新总结你的笔记，将其写成越来越短的版本，直到所有信息都能写在一张纸上（甚至一张索引卡里，这取决于实际情况）为止。在理想情况下，你也可以全用手写，因为在用手写的时候，你不得不惜字如金。

假设你一开始有 10 页笔记，你可以先将其总结、浓缩为 3 页。这样会迫使你分析哪些信息是重要的，筛去当前主题中的杂乱信息。当你怀着这样的目标复习材料的时候，你也会在更深的层次上去记忆。然后，你可以把 3 页笔记总结为 1 页。你可以梳理你的材料，并思考："这部分重要吗？对记忆整体概念有帮助吗？"这种思考与写出新的总结笔记一样重要。

最后，你可以进一步总结你总结出来的一页笔记，以便将内容浓缩到一张索引卡中，这会进一步迫使你压缩、筛选、分析重要的部分。到这一步，你基本上已经把笔记重写了 3 遍，但这种重写的方式很有助于你利用当时有限的记忆库。更重要的是，你并不会只记住索引卡上的内容。每一句话、每个要点都会蕴含更多的含义和信息，因为你已经筛选了 3 次，并进行了深入思考。

这样一来，你就利用了有限的记忆容量。不断总结你的材料，会让这些材料发挥出最大的价值。

建立联系

书上的原始信息并不会轻易进入你的记忆。你必须赋予信息意义，让它与你已经知道的信息产生联系，让它具备记忆的价值。

首先，你要确保你理解了材料。当你理解某事物的时候，把它塞进大脑就比记忆某些你不懂的事物更容易。

其次，不断地对自己说"它就像……只不过……"从而尽可能多地主动寻找该信息与已有知识之间的联系。即使新旧知识之间的联系并不是特别紧密也没关系，只要有些许联系，就可以把它们联系起来。正是这样的深入分析才可以将信息牢牢地记在脑海里，而不是记住你用的比喻或类比。要让材料与已有信息建立联系，还可以对自己说一些其他的话，比如"它与某某相反……"以及"它与某某有以下 3 个共同点……"等等。

最后，大声对自己说出推理过程。此时你可以说一些这样的话，比如"这件事发生是因为……""这件事发生的唯一原因是……"你这是在描述信息之间的联系，理解信息的语境与逻辑，有助于你的记忆。

利用空间

如果你在最后时刻突击复习，你可能无法真

正做到间歇性重复，但你可以在某个小的方面模
仿这种方法。不要只在晚上花 3 个小时学习某个学
科，而是要一天学习 3 次，每次一个小时，每次学
习间隔几个小时。

回想一下，记忆需要时间来编码，并存储在
大脑中。你这是在现有的条件下尽可能地模仿
间歇性重复。为了最大限度地利用有限的学习时
间，你应该一起床就开始学习，分别在中午、下
午 4 点、晚上 9 点（或类似的时间点）复习。
重要的是要在一整天的时间里，尽可能多次重复
学习。

在重复的过程中，一定不要按顺序复习笔记，
以便从不同的角度看待这些内容，更好地编码。此
外，你也要采用主动回忆，而非被动阅读。

最后，一定要一直记忆和复习那些新信息，
直到考试前的最后一分钟。在最佳状态下，你的

短时记忆可以记住 7 个项目，所以可能某一条临时存在于短时记忆、永远不会进入长时记忆的信息反而会拯救你。这有点像玩杂耍。你手上的东西最终都会掉下来，但你也可能正在抛接一些有用的东西。

晚上

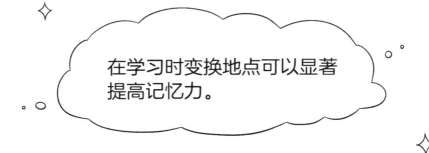

在学习时变换地点可以显著提高记忆力。

虽然本书中穿插了一些科学研究，但其中大多数都是为了支持一些众所周知的、关于学习的事实，以及其他一般不会让你感到意外的建议。

本章稍有不同。本章的主题是科学学习，具体而言，讲的是科学研究得出的一些有关学习的结论，这些结论有些让人意想不到，可能会让你大吃一惊。作为一名作者，我听过最多的抱怨之一是，大多数研究并没有真正解释任何新东西，只是验证了我们已经知道的、下意识会做的事情。希望本章能令你耳目一新，给你一些非常规的建议，提高你的学习潜力，让你像海绵一样吸收知识。

运动能强化脑力

第一项科学研究可能不像其他研究那么令人惊讶。

克鲁克（Crook）和雷蒂（Ratey）两位教授各自所做的研究表明，运动有助于学习和记忆，因为会有更多的血液、氧气和葡萄糖输送到大脑中。大脑得到的给养越多，它的表现就越好，这并不奇怪。这意味着你的大脑在日常工作中并没有达到它的巅峰状态。在没有迫切需要的情况下，大脑会保持一贯状态，以平衡状态运行。换言之，大脑在保存能量，以备不时之需，但运动可以让大脑根据你的要求进入巅峰状态。

克鲁克甚至断言，心血管健康是影响学习和记忆的最重要因素。身体活动除了会通过加快血液流动速度向大脑输送更多营养之外，还会使身体释放一些有诸多益处的神经化学物质。身体不仅会释放脑源性神经营养因子（BDNF），促进大脑细胞生长和学习，还会释放血清素、多巴胺和去甲肾上腺素等神经递质，所有这些物质都会提高唤醒水平、增强注意力、让头脑更敏锐。

总的来说，**运动会让大脑进入一种暂时的惊人状态**。在这种状态下，解决问题和记忆信息成了它的第二天性。这种暂时状态能持续多久？发表在《大脑与认知》（*Brain and Cognition*）上的一项研究表明，你的能力会在 52 分钟左右的时间里得到提升，这取决于你的运动强度。为了利用这种大脑的敏锐状态，你可以安排一些休息时间，每隔 60~90 分钟提高一次自己的心率，因为你在学习这么长时间后，可能就会开始疲劳、厌倦、效率低下。

为了达到最佳效果，一定要真正地锻炼，而不是只绕着街区散步！《学习与记忆的神经生物学》（*Neurobiology of Learning and Memory*）上的一项研究考察了这个问题。研究者发现，人们在高强度运动后完成任务的速度，要比在低强度运动后快 20%。体力消耗越多，有利于记忆的激素和神经递质就释放得越多。想象一下，如果你正在开车，差点出车祸，那么你此时会变得多么清醒和警觉。这和运动后的大脑兴奋状态是一样的。

在另一项研究中，研究者发现，在6个月的时间里，每周运动3次的人，其海马（大脑中控制学习和记忆的部分）的体积有所增加。体育锻炼确实改变了他们的大脑结构、改善了记忆力。这就使得"身体健康，大脑健康"的说法更加可信了。如果你觉得自己精神不振，那就暂停一下，去提高心率吧。把运动当成一剂没有严重副作用的咖啡因吧。利用休息时间做做运动，恢复精神，做好吸收知识的准备。

改变地点

下一项研究的结论是，在不同地点和环境中学习相同的材料有助于记忆。

罗伯特·比约克（Robert Bjork）的一项研究发现，信息是以整体的形式被编码并存储到我们的记忆库中的。这意味着，如果你在水族馆里学习有关西班牙的知识，你的记忆会下意识地将两者联系在一起。你的记忆会把你当天穿的衣服、吃的食物、水族馆里的气味以及环境中显眼的东西联系起来。**在你的记忆中，这些信息会与你试图记忆或学习的特定信息融合在一起。**

这有两方面的启示。第一，只要接触到同样的气味和视觉刺激，就有可能唤起对西班牙的记忆。如果这些气味和视觉刺激是你对该信息的整体记忆中的一部分，那它们就会让你想起其余部分。换言之，如果你曾在水族馆里研究西班牙，那么看到一幅水族馆的照片就完全有可能让你想起有关西班牙的知识。

第二，如果你在学习和处理相同信息的时候经常改变学习地点，你实际上就是在增强你的记忆力，因为这些信息会与许多地点、气味和一般刺激物联系在一起，让你记得更牢。研究者认为，这样做就相当于增加了神经层面上的"脚手架"。能够触发那段记忆或信息的刺激越多，记忆或信息在你记忆中的编码就越深入，它就像一张不断扩张的网一样。

1978 年的一项研究进一步支持了这项发现，即你在学习时身边的刺激物越多，大脑对信息的加工就越深入。在研究中，有两个小组参与了两次学习。第一组在两个不同的房间里学习词汇，另一组则在同一个房间里学习词汇两次。前一组的记忆水平要好得多。

这对你来说意味着什么？

在学习同样的内容时，你应该尽量频繁地变换地点。如果你不能完全改变你的环境，那就改变你桌上的布置、你听的音乐——任何能够影响你的5种感官的东西。刺激的变化越多，这段信息在你大脑中扎下的根就越牢固。

科学家还发现记忆能与其他事物产生联系。蒙特克莱尔州立大学的露丝·普罗佩尔（Ruth Propper）发现，如果在记忆信息的同时收缩肌肉（比如紧握右拳），肌肉的收缩与信息也会下意识地联系在一起。一组研究参与者要在执行记忆任务时用右手握紧一个球，而其他组要么没球，要么握紧左手拳头。

第一组一般会表现得更好。为什么会这样呢？这可能类似于改变地点会增强记忆，因为刺激越多，信息的线索就越多。普罗佩尔还推测，紧握的右手会激活大脑左半球，而左半球通常是负责记忆编码和回忆的部分。

费曼学习法

下一个要点并不算是研究的结果，而是以世界上最著名的物理学家之一理查德·费曼（Richard Feynman）的名字命名的。费曼学习法通常用于提高学习速度，取得最佳的学习效果。你可以用这种方法弄懂概念，找出你缺少的重要信息，也能用它向别人解释复杂概念。这种方法分为如下4步。

第一步：选择你的概念

费曼学习法的适用范围很广，所以我们就选一个可以在本节全篇使用的概念：重力。假设我们想了解重力的基本知识，或者向别人解释这些知识。

第二步：用通俗易懂的话写下对这个概念的解释

这是简单的还是困难的？这是真正重要的一

步，因为这会明确表明你对重力的概念是理解还是不理解。尽量简单且准确地解释这个概念，最好能让对不了解这个概念的人也能理解。

你能做到这一点吗，还是说你只会说："嗨，你知道的……就是重力！"这一步可以让你看到自己的知识盲点，看到自己的解释站不住脚的地方。如果你做不到这一步，显然你对这个概念的了解不如你想象中的多，你当然就不能很好地向别人解释了。

第三步：找到你的盲点

如果你不能在上一步中对重力进行简短的描述，那很明显你的知识中有重大的盲点。你可以研究与重力相关的内容，想办法来简单地描述重力。你可能会想出这样的解释："物体重量与质量导致的较大物体吸引较小物体的力。"

如果你能够分析信息，并用简单的方式分解信息，这就表明你掌握了知识，并进行了深入理解。

如果你仍然不能用一句话来总结这个概念，那么你仍有需要攻克的盲点。

第四步：使用类比

最后，为你要解释的概念找一个类似的概念。在概念之间进行类比，此外你还需要了解每个概念的主要特征。这一步是为了弄清你是否深入理解了这个概念，并且让这个概念更容易解释。你可以把这一步看作对你的真正考验：考察你是否理解这个概念，在知识上是否还有盲点。

例如，当你把脚伸进池塘里时，水面上的落叶就会被你的脚吸引，因为你的脚被施加了一种几乎看不见的影响力。这种影响力就是重力。

这一步还会把新信息与旧信息联系起来，让你借助一个有效的心理模型，以便深入理解或解释新信息。费曼学习法是一种快速发现"你知道什么"与"你认为你知道什么"之间的差距的方法，这种方法能让你巩固自己的知识。

睡眠学习法

你应该看过那些广告宣传语："睡觉的时候听磁带，你醒来就会变成天才，能说一口流利的法语！"

当然，这些广告宣传语中有99%都是假的，但是其中的1%体现了近来一项有趣的研究发现。我们可以在睡眠中学习某些东西，但这种学习有着明确的限制。美国西北大学的雷伯教授（Reber）把钢琴演奏者分为两组，让他们学习一段新乐曲。然后，所有参与者都小睡了90分钟。其中一组在睡觉时，研究者把这段曲子小声地播放了4分钟，另一组则在完全安静的环境里睡觉。

在睡觉时听音乐的那组人在演奏那段旋律时的准确率比另一组人高4%。仅仅4分钟的睡眠学习就带来了一个相当大的差异。**大脑扫描证明，在播放音乐时，大脑的活动水平会增加，即便在睡眠中也是如此，这表明了记忆在进行加工。**

这是一个相当重要的发现，只要在睡觉时放录音就会有效吗？不一定。雷伯澄清道："记忆要与特定类型的声音有关。似乎那种声音能再次激活并强化先前学习过的信息。这种效应可能有助于强化有关课堂或讲座的记忆，甚至可能有助于加快第二语言的学习进程。"

这对你来说有什么启示？你大概不能在睡觉时学习新信息，但只要你听到的声音能触发你的记忆和想法，你就可以在一定程度上强化已经学习的信息。比如说，你可以强化外语的学习，因为你会在睡眠中捕捉到特定的声音。你可能无法在睡眠中破译特定信息，比如二次方程的解法，但如果你能将其与特定声音联系起来，你就能更好地回忆起相关信息。

设定具体目标比设定宽泛目标更有助于规划和准备。

第11章

明智的目标设定法

我们已经谈到过，学习有着不同的组成部分，包括信息接收、记忆保持和实际行动。所有这些要素都有助于你成为专家，但最后一个要素同样很重要。

那就是设定目标。为什么设定目标对学习很重要？

人性倾向于选择阻力最小的道路。如果你不设定目标，或者对自己追求的终点没有设想，你就会缺乏足够的动力，只会得过且过。如果你不想通过学习或记忆来取得某些成就，那么努力又有什么意义呢？如果有其他事情让你分心，你又如何保持专注和克制呢？

你该如何避免失败（无论你对失败的定义是什么）？

如果你上了一门不需要考试的课，那你还会学习吗？如果你设定了一个目标，比如考试，那你的努力程度就会大不相同。

可以说，目标能帮助你学习，在很多情况下，目标还能让你的学习更上一层楼。在设定目标的过程中，有一种方法已经被证明是最有效的。这种方法就是"明智的目标设定法"（英文为 S.M.A.R.T. 是一个缩略词）。

S.M.A.R.T. 代表了"具体"（Specific）、"可衡量"（Measurable）、"可实现"（Attainable）、"有价值"（Relevant）、"有时限"（Time-bound）。我会带你分别了解每一个要素，看看你可以如何设定更有效的目标，帮助你更好地学习和记忆。

具体

假设你的目标是减肥，这本身并不是一个非

常具体的目标。事实上，这个目标非常宽泛且模糊：哪怕你只减掉 0.5 公斤左右的体重，你也可以说达成目标了。这种目标对于规划和准备来说没有帮助，也不会像具体的目标一样激励你。

更好的目标应该考虑到你想要取得的成绩，比如"我想减掉 7 公斤体重，让我能扣上皮带的第三个孔"。

这样你的目标才会变得更真实，因为你设定了一个数字和一个具体的好处，它不再是一个模糊的概念了。你已经把目标拿出来了，现在你有了失败的可能性。这就是为什么我们中的许多人不会过于明确地界定自己的目标。对消极反应的厌恶也会激励你并推动你取得成功。

你还可以具体说明目标涉及的所有背景信息，包括：

第11章
明智的目标设定法

- 有哪些人参与其中（如果不只有你自己的话）。

- 你想在什么时候完成这个目标。

- 这个目标要在哪里实现（如果地点重要的话）。

- 你为什么想实现这个目标。

最后一点是最重要的，因为它明确了实现这个目标带来的益处，以及你对实现目标的渴望。这样你就能从长远的角度来设想你未来生活的变化，在陷入困境或感到绝望时也能保持专注。一个明确的"为什么"会给你力量，让你充满能量，因为你不仅仅是在单纯地饿肚子或吃西兰花，你这样做是为了自己的尊严，为了穿下更小码的裤子，为了对异性更有吸引力。这是你一开始就应该明确的东西，因为这决定了你将如何做。

可衡量

你需要有一种方法来确定你是否在朝着自己的总体目标前进。你必须能够判断自己是否在进步、是否偏离了最初的方向。

要衡量减肥的进展很简单。你只需要站在秤上，看看体重是否朝着目标变化了。对于其他目标，你则需要一种类似的客观方法来衡量你的进步和已取得的成绩。

这样做有两个主要目的。第一，看到自己的进步能起到极大的激励作用，并提供积极的反馈。这表明你的努力有了回报，你的行动能直接影响你的命运。言外之意是，衡量自己的进步，可以激励你更加努力，因为你能看到你的行为与你的目标之间有着直接的因果关系，这种感觉很好。

第二，衡量你的进步可以让你为自己负起责

任，并始终走在正轨上。你不能依赖主观判断，因为你多半会不由自主地选择阻力最小的道路，或者用其他方式为自己缺乏进展、表现糟糕寻找看似合理的借口。像体重秤这样客观的衡量工具永远不会欺骗你，也永远不会被你欺骗。它只会告诉你现在的情况是否够好。

可实现

你在设定目标时，必须选择你在某个时间点明显可能实现的目标。太低和太高的目标之间只有一线之隔。目标不能过于难以实现，因为当你的进步不如预期时，你可能会失去动力。如果你的目标太容易实现，那你也不会有太大的收获。

考虑实现目标所涉及的因素也同样重要。在其他因素有利的情况下才可能实现的事情，并不是好的目标。只要你稍稍走出舒适区，控制住你能控制的因素，就极有可能实现的目标，才是好的目标。

在设定最初的目标时，要把你无法控制的因素排除在外。你有把握控制和利用哪些因素来使自己受益？这会直接影响你能达成什么目标。但要确保你的目标不要太容易实现，以致无法弥补不可控因素的负面影响。

你还需要考虑实现目标所需要做出的改变，既包括环境的改变，也包括你处事方式的改变。怎样才能完全改变你的环境？你需要获得哪些技能或工具才能实现目标？盘点一下你自己。如果你想减肥，你身边的朋友每天都会吃很不健康的快餐，而你又没有健身房的会员卡，那么你需要采取哪些措施来改变你的环境和处事方式呢？

这样会让你负起责任来，因为你不能把责任推卸给任何外部因素了——你对于是否达成目标负有全部的责任。

有价值

这个目标对你的生活、总体目标和幸福感有什么价值？这个目标为什么很重要，你为什么想要实现这个目标？

这一点很像我们之前讨论过的"为什么"。你需要一个令自己信服的原因，因为这会让你在达成目标的挣扎中保持动力、矢志不移。我们往往难以用清晰的语言描述这些原因，因为它们与我们情绪状态的改善有关，比如"我想减肥是因为我感到尴尬、缺乏自信"。

如果你缺乏一个总体目标或情绪动机，就很容易偏离你的目标，因为失败没有什么负面后果。你不会觉得有什么大不了的。

有时限

你必须为实现目标设置一个最后期限。没有期限的目标只是一个梦想，或者充其量只是对意图的陈述。如果你的目标没有期限，你就没有紧迫感或理由在今天采取行动，而不拖延到明天或下周。这是坚持下去的关键。

任何人都能设定目标，但如果没有明确的时限，就不太可能成功。

如果你有一个较长期的目标，在一年的时间内，为阶段性目标设置时限也会很有帮助，这样你就能知道在特定时间你应该取得什么进展。这会让你进一步反省自身，保持责任感和紧迫感。

如果我想在下一季度减掉约 7 公斤体重，那么我就要在每个月里减掉约 2 公斤，也就是每周减掉 0.5 公斤。这样目标就更明确了。

现在我们已经了解了S.M.A.R.T.目标的每个要素，让我们再看几个例子来弄清楚S.M.A.R.T.目标与"糟糕"但非常常见的目标有什么不同。

鲍勃说"我的目标是创业"，但没有进一步澄清。这个目标过于宽泛，以致我们甚至不知道他在说什么，更不必说什么成功的可能性了。

让我们带着鲍勃思考一下这5个要素，为他设定一个S.M.A.R.T.目标。

- 具体：我想开一家自己的割草机专卖店。

- 可衡量：你可以根据这家店赚的钱来衡量这个目标。比如，我要在开店后的头六个月赚到1万美元。

- 可实现：这个目标是可实现的，但我需要聘请律师和会计，暂时冷落我的家人，与我的

导师多谈一谈，调整我的日程安排，以便每
个周末都去店里。

- 有价值：这家店代表我不再是一名雇员了，
  并且最终能赚够我的退休钱。

- 有时限：我想在接下来的两个月内签下商店
  的租约，一个月后开始销售产品。

鲍勃最初的说法是"我的目标是创业"，现在
他的说法是"我的目标是在两个月内开一家自己的
割草机专卖店，在头六个月赚到 1 万美元，余生都
要做自己的老板"。

下面还有另一个例子。伊莱恩说："我想在我的
领域里成名。"她的 S.M.A.R.T. 目标是什么？

- 具体：我想成为我们州最有名的税务律师。

- 可衡量：你可以根据采访邀约的多少，或受

邀谈论税务问题的次数，以及你有多少业务量来衡量这个目标。

- 可实现：这个目标是可实现的，我需要聘请一家公关公司，开始为报纸和杂志撰稿，与有影响力的律师同行建立关系。

- 有价值：如果我能成为我们州最有名的税务律师，我就会有源源不断的生意，我就不用担心钱了。

- 有时限：我想在年底完成这个目标，每个月受到 4 次采访。

你可以看到，当你思考你的目标时，会涉及多少额外的要素，以及 S.M.A.R.T. 方法是如何为你指明自己需要做的事情的。S.M.A.R.T. 目标不仅有更高的成功概率，而且能准确告诉你自己在追求什么东西。

S.M.A.R.T. 并不是唯一能帮助你实现目标的指导方针。

第一，把努力程度视为衡量目标和成功的标准，有时候会更好，而不一定要以成就来论成败。换言之，一开始，把动手做事视为成功，而不一定要做好这件事，这样更能够激励你。仅仅去健身房慢跑 10 分钟也是一种成功。对有些人来说，以此为目标，而不是要求自己举重 2 个小时，可能是更理想的做法。人们低估了努力和坚持在实现目标过程中的作用，所以一定要对此加以奖励。

第二，你实现目标的意志力是有限的。你可以把意志力想象成在一天结束时就会耗尽的电池。这意味着，你应事先规避诱惑与干扰，从而尽量减少努力的难度。对于减肥的目标来说，这就意味要自己带午饭，始终身穿干净的健身服装，不买零食，让健康饮食和锻炼变得更容易。

第三，确保你设置的目标是你想要的。不要照搬他人的目标，也不要出于责任感或义务而设定目标。如果你的目标缺乏令你信服的"为什么"，那你可能是在浪费自己的宝贵时间。一个目标越符合别人的期望，就越像一件苦差事。

第四，不要忘记从第一天开始就要回顾和把控自己的进展。通常，我们完全看不到渐进式的进步，因为我们分辨不出前后的差异。所以从一开始就要记录下自己的水平，无论用哪种合适的方式记录都可以。你可以用可视化的方式记录，这样你就可以直观地看到自己的进步，以及你与从前的差异。关键是，要在看到进步后给予自己鼓励。

在学习中最大的障碍，几乎总是你自己和你的骄傲。

可惜的是，我们来到了讨论学习的最后一章，但不要担心。最后一章提供了一些简短且有效的技巧，它们能帮助你更好地学习和记忆。

运用潜伏思维

你有没有想过，为什么你站着冲澡时会有那么多想法？

哈佛大学的谢利·卡森（Shelley Carson）找到了答案。这个答案有些违反直觉：这是因为你被淋浴的水分散了注意力。

当我们过度专注于某件事时，就会发生下面这样的事情。我们会厌倦、倦怠，开始只从一个角度或一种可能性来看待这件事。我们会发现，自己无法用不同的方式思考，好像我们被困在了因车轮反复碾压泥土而形成的车辙里一样。

当我们放下这件事情，被其他相对轻松的事情分散注意力的时候，比如在淋浴时给头发涂抹洗发液的时候，就进入了所谓的潜伏思维期。你有意识的大脑已经不再思考这个问题了，但无意识的大脑仍在运转并处理这个问题。**从本质上讲，不再专注于一件事情，可以让大脑进入一种无意识思考和寻找联系的状态。**你的大脑会开始被动地从其他角度和途径来处理这个问题，这些角度和途径与你有意识地保持专注时的思路不同。

这种潜意识的头脑风暴会让你灵光一闪，让你发现只需要简单地转换一下视角，问题就能迎刃而解。这对你来说意味着什么？

潜伏思维理论是支持定时放松的，尤其是当你被某个特定的问题难住，或局限于一种解决方案的时候，这种方法尤其有效。这种方法不能保证你一定会有顿悟，但你至少能精神抖擞地回到原来的问题上，准备好以不同的角度来解决它。

如果你能把放松视为恢复状态、潜意识加工的过程，而不是休息，那放松就会变得更有成效。花更长的时间茫然地盯着自己手头的任务，并不是高效地利用时间。事实上，花 15 分钟浏览社交媒体可能并不是一件坏事，只要能让你从卡住的事情中暂时脱身就好。

潜伏思维理论表明，我们既能在意识层面学习和处理信息，也能在潜意识层面做这些事情，但两者并非总是同时进行的。换言之，很多时候，我们都在潜意识中处理信息，却有意识地忽略了这个过程，我们此时在做另一项任务，或者心不在焉。

潜伏思维听起来和间歇性重复非常相似。如果我们在一天中有策略地学习，就可以让这种特点为我们所用。

在上午，开始进行 A、B、C 这 3 项任务。为每项任务分配专门的时间。开始做每项任务，做好笔记，然后全身心地投入其中。例如，如果你是一位作家，你的任务可能是上午写 3 篇不同的文章。你要做的是做好初步研究，写出提纲，做一些初步分析。在每篇文章上花一小时。这是你有意识的思考和信息处理流程，但你的潜意识思维却同时在思考之前的话题。

然后去吃午饭，此时你的注意力通常会被不太困难的任务分散。你的潜意识思维此时仍在工作和酝酿。此时起作用的就是潜伏思维，你通常会在这个时候想出如何撰写每篇文章。仿佛你的大脑在不知不觉中开了窍。你一定要在这个潜伏思维期准备好记笔记，记录下你的想法。你可能认为自己没有去思考那些文章，但你的潜意识已经思考了。

多亏了潜意识的帮助，在你回去继续写文章时，你就知道怎么去写了。大量研究表明，有意识地一心多用是一件得不偿失的事情，因为人们通常会在任务间切换、重新找回工作状态时消耗自己的心理资源。一心多用可能只在潜伏思维过程中是有价值的，因为这种行为是在潜意识层面进行的。

有效教学

你已经学会了如何有效地学习和记忆，现在看看学习的另一面，看看我们可以如何成为更好的教师，这是很有裨益的。

本节包含了许多你自己使用过的策略，但你会发现，在教他人的时候，这些策略可能需要略微调整。

在教学的时候，你要把重点放在理解上，而不是放在记忆效果或内容的广泛性上。全面的理解是其他一切的基础，因为只有理解了内容，你才能做出预测、运用直觉，以及进行批判性思考。单纯的事实性知识并不能提供背景信息，也不能给你真正的认识。以记忆为重，会让所有知识变成单调乏味的信息；以内容的广泛性为重，那就变成了灌输，而不能提供背景信息、促进理解。

如前所述，要促进理解，我们可以采用费曼学习法，同时不断要求学生对你所教授的每个方面给出简短的解释和总结。解释越长，人们的理解就越少，他们只是在围绕这个概念进行讨论。

作为老师，重要的是提出正确的问题，这样人们不仅会关注重要的部分，而且会发现关联，看到信息之间的联系。你必须引导他们发现联系。例如，你可以问如下问题来达到你的目的。

- 这个概念的重点是什么？
- 你能对它加以总结吗？

161

- 这一点为什么重要？

- 这一点和主题之间有什么关系？

- 这个概念与下一个概念有什么关系？

- 之前我们讲了什么，接下来我们又会讲什么？

你也可以扮演唱反调的人，强迫学生说清他们的思维与推理过程。这些办法都比死记硬背、照本宣科更能深入地促进理解。

一定要适应学生的学习风格。关于学习风格是否是一种合理的分类，确实存在一些争论，但你可以将每种学习风格视为提高参与度和兴趣的工具。事实上，全书的证据都表明，使用多种学习风格的媒介和刺激最有利于记忆，因为这样会增加神经的"脚手架"。换言之，吸收信息的方式越多，信息就越有可能留存在你的大脑中，变得有用。

在一天中的任何时候都要强调重复。与其花三小时集中学习一个主题，不如把这个过程分为连续三天、每天学习一个小时。有了先见之明和明智的规划，才能利用间歇性重复带来的益处。这种更麻烦的学习方式能带来一个好处，那就是能让你在更短的时间内学习更多的东西，这样你就能更快完成学习计划。

人们通常都需要学习动力，如果你能再次向他们提出正确的问题，你就能为他们提供这样的动力。就像你需要一个令你信服的"为什么"，才能着眼全局，看到学习的大目标一样，你的学生也是如此。你可以提出如下这些问题。

- 学习这些东西会怎样（为什么会）改善你的生活？
- 你为什么需要学这个？
- 你能从中获得什么？
- 你会得到什么奖励，或者避免什么惩罚？

也许最重要的一点是，教学并不一定是为了实现最终目的，或者达成某个目标。有时候，仅仅是激励他人付出努力，就算是一种成功了。这么说可能有些令人沮丧，但你教学是为了学生好，所以你应该尽量避免让自己不耐烦。如果你能给予学生积极反馈来帮助他们调整目标，让他们的努力得到回报，他们就会更愿意学习。

规避你最大的障碍

我把最重要的内容留到了最后。你在学习中最大的障碍，几乎总是你自己和你的骄傲。想想那些学滑冰的人。

有一个人想学滑冰，但滑冰场总是挤满了他学校里的熟人。他不想在这些人面前摔倒。他上过课，但不愿冒险走出自己的舒适区，因为他不想感到尴尬。他只做有把握会成功的事情。可想而知，这就导致他很难有明显的进步。他觉得学习滑冰已经变得毫无意义了，因为他没有进步，于是放弃了滑冰，开始学高尔夫球。

这个故事给了我们什么启示？

他的骄傲让他不愿学习，因为他不想在别人面前出丑。其实，他不喜欢这种想法，甚至不允许尴尬的想法进入自己的脑海。这种厌恶尴尬的情绪阻碍了他的学习。

我们一直在做类似的事情，大大阻碍了我们的学习，让我们无法取得原本应有的成就。

有时候，即便我们知道自己错了，也无法承认错误，因为我们不想在人际互动中丢脸，或者被视为失败者。我们对正确的道路视而不见，因为我们想在人们眼中做一个聪明的赢家。

我们就像那个学滑冰的人一样，有时想在他人面前保持良好形象。我们想要保持一种优越感，不能表现出脆弱，因为我们害怕招致无情的批评。这就是我们很多人不喜欢在别人面前提问的原因。我们认为别人会评判我们，我们宁愿犯错、不去学习，也不愿意失去"懂行"和"智慧"的伪装。

我们有时会完全不接受指导，因为我们不想觉得低人一等，也就是说，觉得自己不如别人。我们不允许别人为我们指明方向，而是继续朝着错误的方向走下去，这只是因为我们不想在别人教我们的时候，觉得自己是错误的、愚蠢的。我们觉得寻求帮助是软弱的表现，我们想自力更生，以展示自己的力量与自信。我们很少意识到，这往往会导致过度的补偿行为，而且大多数旁观者都能明显看出，我们在试图掩盖某些事情。

我们常为自己的行为或失败找借口。有时我们不确定自己在试图说服我们自己还是其他人。我们会把自己的失败归咎于他人或外部环境，从不自己承担责任，也不知道责任到底在谁的身上。更有甚者，我们有足够的聪明才智，能想出**聪明**的借口来为自己的行为找到合理的借口——他人会相信的借口，有时连你自己也会相信。

最后要说的是，我们会害怕自己表现得好像不知道答案，所以我们会装得好像什么都懂。我们不愿接受其他的解决方案，因为我们觉得这样就否定了我们自己的智慧，这就会导致形成明显的知识盲点和缺口，因为我们忽视了其他的观点。我们决不肯说"我不知道"，因为我们觉得那代表无知和愚蠢。我们拼命想要在别人面前伪装成某种样子，成为那些心中总是有数的人。当然，我们没有意识到，我们崇拜的那些人比其他人更常说"我不知道"，他们这么说是为了促进讨论、找到答案。

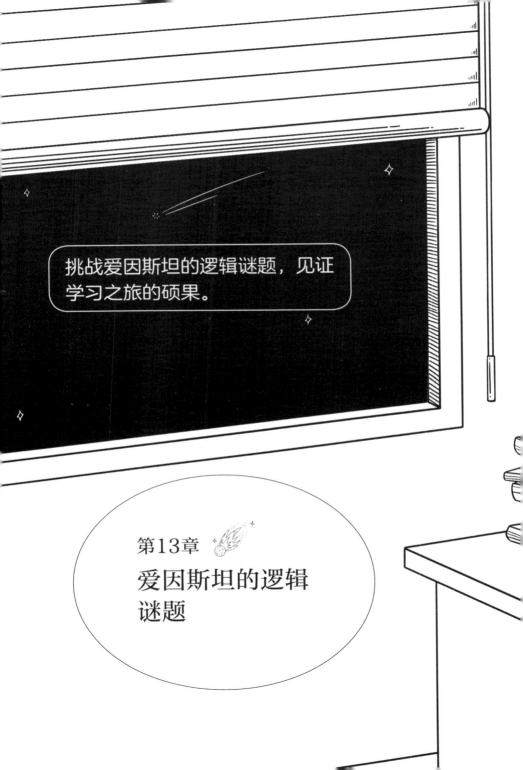

挑战爱因斯坦的逻辑谜题，见证学习之旅的硕果。

第13章

爱因斯坦的逻辑谜题

爱因斯坦写下了下面这个谜题。他说世上 98% 的人都无法破解这个谜题。这可能并不是一个测智力的谜题，因为其他人表示，解开这个谜题只需要专注和耐心。

五座房子排成一排，颜色各不相同。

每座房子里的居民国籍也不相同。

五位主人各自都喝某种饮料，抽某个牌子的雪茄，养某种宠物。

他们养的宠物、抽的雪茄、喝的饮料也各不相同。

其他信息：

1. 英国人住红房子。

2. 瑞典人养狗。

3. 丹麦人喝茶。

4. 绿房子在白房子左边。

5. 绿房子的主人喝咖啡。

6. 抽波迈雪茄的人养鸟。

7. 黄房子的主人抽登喜路雪茄。

8. 中间那座房子的主人喝牛奶。

9. 挪威人住在第一座房子里。

10. 抽混合雪茄的人住在养猫人的隔壁。

11. 养马人住在抽登喜路雪茄的人隔壁。

12. 抽蓝标大师雪茄的人喝啤酒。

13. 德国人抽王子雪茄。

14. 挪威人住在蓝房子隔壁。

15. 抽混合雪茄的人住在喝水的人隔壁。

问题是：谁养鱼？

谜底：德国人坐在绿房子里，抽着王子雪茄，喝着咖啡，看着他的鱼。

其余的谜底是这样的：

第一座房子：黄色，挪威人，水，猫，登喜路。

第二座房子：蓝色，丹麦人，茶，马，混合。

第三座房子：红色，英国人，牛奶，鸟，波迈。

第四座房子：绿色，德国人，咖啡，鱼，王子。

第五座房子：白色，瑞典人，啤酒，狗，蓝标大师。

结　论
CONCLUSION

　　一开始，我只是试图与西班牙语课上的杰西卡聊天，但我学到的东西后来让我变成了一些人口中的世界一流的学习和教学专家，至少我的客户是这么跟我说的。

　　我希望你能学到这些经验，用它们来更好地学习，把更多知识装进大脑，多到远超你的想象。你要记住，一开始这样学习并不容易，你会觉得你在重新学习如何学习，就像一个蹒跚学步的孩子一样。

不过，你很快就会意识到，你的记忆力比往常强得多，阅读速度更快，而且似乎在更短的时间内学得更多了。你的朋友会询问你的窍门，问你怎么比他们用功更少，分数还比他们更高。

你的答案是什么？学会如何学习。

祝你好运，

彼得

总 结
SUMMARY

第1章　打破误解

有一些关于学习的误解会在无意中阻碍我们的进步，让我们无法发挥自己的潜能。其中包括认为失败一定是不好的，我们的学习能力受我们的智商限制，多学习、多接触知识总是更好的。

第2章　优化学习的基础原则

在改善自己的学习能力之前，你必须意识到，一心多用是彻头彻尾的无稽之谈。你还要学习一些

专注的技巧，并关注自己的注意力。通过了解学习
金字塔和 4 种水平的能力，你会看到你应该如何处
理学习问题，安排学习过程。

第 3 章　了解和理解自己

如果你不了解自己和自己的偏好，你的学习永
远是低效的。有一些有关学习风格和偏好的理论模
型，其中最突出的是 VARK 学习分类模型和 7 大
学习类型模型。

第 4 章　更快、更有效地阅读

改善阅读能力，就是提高速度、效率、理解和
记忆。你可以单独训练速读，而其他要素则涉及阅
读中的分析和积极参与。

第 5 章　记好笔记的艺术

记好笔记一共有 4 个步骤：记笔记、编辑笔

记、分析笔记、反思笔记。你可以用"康奈尔笔记法"来记笔记。

第6章　最佳练习方法

刻意练习是真正培养某方面专业技能的关键。分析负面反馈、在练习时挑战能力的极限，同样很重要。

第7章　大象记忆术

大多数人都希望把信息存入长时记忆。间歇性重复是保存记忆的最好方法，而抽认卡、记忆术、用信息来编故事的方法也有助于记忆。

第8章　把学习放在第二位

如果你要实现一个目标，而这个目标恰好需要你掌握某种技能，这就是最简单的学习途径——把学习放在第二位。

第9章　如何临时抱佛脚

临时抱佛脚，就是试图将尽可能多的信息塞进你的短时记忆和长时记忆之间的模糊区域。组块、总结、在概念之间建立联系是你最好的选择。

第10章　科学学习

科学研究往往会提出反直觉的学习方法。不同的研究表明，运动能强化你的脑力，改变学习的地点有助于记忆，费曼学习法能帮助你学习自己不会的东西，你其实可以在睡眠中学习某些东西。

第11章　明智的目标设定法

最好的目标是 S.M.A.R.T. 目标——这是一个缩略词，代表了具体、可衡量、可实现、有价值、有时限。

第12章　关键的3条建议

最后一组关于学习的建议，涉及了如何运用潜伏思维、如何有效教学，以及为什么学习的最大障碍可能是你的自负。

第13章　爱因斯坦的逻辑谜题

这里就不剧透了！

斯科特·H.扬系列作品

1年完成 MIT4 年 33 门课程的超级学神

ISBN：978-7-111-59558-8

ISBN：978-7-111-44400-8

ISBN：978-7-111-52920-0

ISBN：978-7-111-52919-4

ISBN：978-7-111-52094-8